智元微库
OPEN MIND

成 长 也 是 一 种 美 好

How To Take Smart Notes

One Simple Technique to Boost Writing,
Learning and Thinking - for Students,
Academics and Nonfiction Book Writers

卡片笔记写作法

如何实现从阅读到写作

[德] 申克·阿伦斯（Sönke Ahrens）著

陈琳 译

人民邮电出版社

北京

图书在版编目（CIP）数据

卡片笔记写作法：如何实现从阅读到写作 ／（德）
申克·阿伦斯著；陈琳译. -- 北京：人民邮电出版社，
2021. 7
　　ISBN 978-7-115-56467-2

　　Ⅰ. ①卡… Ⅱ. ①申… ②陈… Ⅲ. ①写作－方法
Ⅳ. ①H052

　　中国版本图书馆CIP数据核字(2021)第073062号

◆ 　著　　　　[德]申克·阿伦斯（Sönke Ahrens）
　　译　　　　陈　琳
　　责任编辑　张渝涓
　　责任印制　周昇亮
◆ 　人民邮电出版社出版发行　　北京市丰台区成寿寺路 11 号
　　邮编　100164　　电子邮件　315@ptpress.com.cn
　　网址　https://www.ptpress.com.cn
　　天津千鹤文化传播有限公司印刷
◆ 　开本：880×1230　1/32
　　印张：8　　　　　　　　　　　2021 年 7 月第 1 版
　　字数：200 千字　　　　　　　2025 年 10 月天津第 26 次印刷

　　　　　著作权合同登记号　图字：01-2020-5375 号

定价：69.80 元
读者服务热线：（010）67630125　　印装质量热线：（010）81055316
反盗版热线：（010）81055315

"不写，就无法思考。"（卢曼 1992, 53）

目录

中文版序

申克·阿伦斯

有机会以此中文版促成关于卡片笔记写作法及其原则的讨论，以飨中文读者，我很激动且心怀感激。

我一直很欣赏法国哲学家及汉学家弗兰索瓦·朱利安（François Jullien）的作品。他关于中国哲学经典著作的精深学识，不仅大大拓宽了我的视野，还以极确切的方式帮助我写成了本书。朱利安同时兼具胆识与谦逊。其谦逊在于强调了将概念和观点从一国传统思维方式翻译至另一国传统思维方式的困难；其胆识则在于他采取了将最根本的差异进行比较的方式。他的重点不在于理解中式思维方式，而是通过对比（两种都行之有效）的方式理解传统西式思维的局限性。其中的一些困难涉及了本书所述的写作与笔记记录的核心原则。与柏拉图式的传统思维关注计划、目标、身份以及顿悟不同的是，卡片盒笔记依赖一种非线性的方式，即缓慢而稳定的改进，促进思维产生持续、微妙的变化，并且事物间相生相依。朱利安发现这些主题在中国哲学中被讨论得更为广泛。如若未借助朱利安的视角，即如果不受到中式思维传统的影响，我也不会注意到卢曼的方法如此独特。[1]

2017 年本书英语版和德语版首次出版之后，又发生了许多事。最重要的是，它找到了自己的受众。我欣喜地发现，并非我一人有此体验：卡片盒笔记法——关联的、分散的、自下而上的方法不仅比一些教育者们所推崇的线性的、自上而下的方法更为自然，还衍生出了诸多写作及笔记记录工具。

四年后的今天，使双向链接得以实现的新一代工具不断涌现，笔记爱好者群体不断壮大，卡片盒笔记的观点显然已"出圈"。我希望这有助于跨文化及跨语言的思想自由交流，这也正是卡片盒笔记的精华所在：以新的和意想不到的方式，将不同的想法汇集在一起，从而产生新的想法。

随着可使用工具的快速变化，我决定让这本书尽可能地与工具

---

[1] 他的一些书被翻译成了中文，有兴趣的读者可以从 Jullien 与他的出版商 Thierry Marchaise 在 Penser d'un dehors (la Chine) 的对话开始。中文版已于 2005 年由大象出版社出版，名为《从外部反思欧洲》，译者张放。

无关。书籍有着不同的生命周期，因此应该更多地关注不受时间影响的方面。虽然每一种工具都会影响我们的工作方式，新一代的笔记工具的特点是对不同的使用方式持开放态度。它鼓励自由，但也需要结构性约束。我意识到，这使得关注卡片盒笔记的基本原则和基本元素变得更加重要，这样才可以将其应用于不同的工具，并适应个性化的需求。

像卢曼一样写卡片

我是一名重度卡片写作爱好者。我写作时，手边会放着纸质的卡片。我一般会先在卡片上写下一些灵感，然后再用卡片写作软件将它们正式整合成文章。同样，在阅读时，我也会不断地使用纸质卡片盒与卡片写作软件写下读书心得。

这样的一套流程，我已经坚持使用了 20 多年。2015 年，我应《离线·黑客》杂志邀请，在该刊物上发表了《纳博科夫的卡片》一文，从认知科学角度，介绍了卡片写作背后的原理，得到了较多卡片写作爱好者的关注。身为一名重度卡片写作爱好者，我甚至设计了自己的纸质卡片盒，也就是"开智大卡"，并且带队研发了卡片写作软件，也就是人工智能写作软件写匠（AI Writer）。

卡片写作，有很多代表性流派。之前我设计的"开智大卡"，参照的是日本知名学者梅棹忠夫在《智识的生产技术》中提到的"京大卡"，他认为卡片要大一些，大概是 B6 开本大小，更容易保存写作灵感。而我带队研发的"写匠"，更多地参考了美国知名作家纳博科夫的卡片写作法——使用索引卡，通过任意打乱卡片次序完成自己的写作。

这些方法我已践行多年，而本书展示的另一个与众不同的卡片写作流派——"卢曼卡片盒"，还是给了我新的启发，让我从另一个角度来思考如何优化卡片写作方法。

卢曼是谁？

尼克拉斯·卢曼是 20 世纪德国重要的社会学家，而且其影响力已远远超出了社会学领域。对我来说，卢曼不仅仅是一位社会学家，更是一位"自创生理论"专家。他将认知科学家 F·瓦雷拉（F. Varela）开创的"自创生理论"率先应用到法律中，去解释法律和社会的交互关系，出版了经典的《法社会学》。

卢曼在他长达 30 多年的研究中，以学术高产著称，出版了58 本著作和数百篇文章。他为什么能取得如此杰出的成就？2013 年，德国社会学家约翰内斯·F.K. 施密特在做了大量研究后发现：卢曼的生产力源于他的卡片盒写作法。

我之前在《纳博科夫的卡片》等文章中，曾介绍过纳博科夫等人的卡片写作法。那么，卢曼与他们的最大区别是什么呢？

—— 多了一个盒子。

传统的卡片写作法，像纳博科夫，是只使用一个盒子，用一个盒子来保存自己写作的内容。而卢曼多了一个盒子，对自己卡片写作的内容进行索引和整理。如果说纳博科夫的卡片写作法特别合适创意写作，比如写小说、诗歌、散文等等；那么卢曼卡片盒写作法则尤其合适学术写作与信息密度大的写作，比如论文、学术专著与长篇科普等。

从认知科学角度来讲，卢曼的这种做法是极其聪明的。认知科学家将人的信息加工分为两大类，第一类是一阶操作，也就是"认知"本身，你感知的、你记忆的、你学习的、你思考的。第二类是二阶操作，称之为"元认知"，即对自己当前的认知进行监控："我当前感知到了什么？我当前在记忆什么？我当前在学习什么？我当前在思考什么？"这就是元感知、元记忆、元学习、元思考等。"元认知"也就是认知的认知。

卢曼卡片盒写作法通过新增加的这个盒子，能够更好地对"元认知"的内容进行保存和加工。一个盒子用于保存内容本身；一个盒子用于监控内容。

卢曼卡片盒写作法的高明之处还不仅于此。更重要的是，他让卡片与卡片通过各种索引关联起来，从而提高了记忆提取的效率。

为什么写卡片更容易提升记忆？有什么特别需要注意的？在这里，需要介绍一个超出多数人常识的原理：必要难度（Desirable Difficulty）。这是认知科学最新研究成果，是认知科学家比约克夫妇（Robert A. Bjork & Elizabeth Ligon Bjork）在近 30 年前提出的，之后历经了两代认知科学家、数十个认知科学实验室发展，目前已成为认知科学中关于学习与记忆的主流理论。

什么是必要难度理论？人类记忆存在广泛且普遍的元认知错觉，会误将"记住了"当成"学会了"。如果将人的大脑粗陋地比作一块硬盘，假设你的每次记忆都是往这块硬盘中写入内容，那么，可以近似地将记忆想象成无限的内容，但硬盘上的这些信息会相互争夺空间。

人的记忆有两种基本机制：存储与提取。比约克率先区分了记忆竞争的两种不同类型：存储强度（storage strength）与提取强度（retrieval strength）。以前，人们习惯性地认为，记得越快，学习效果越好。简言之，存储越容易，提取就越快。但他的实验发现了与常识相反的结论："存储与提取负相关"，也就是说，存入记忆越容易，提取出来越困难；反之，如果你有些吃力地存入，知识提取会更方便。

比如，我们的常识是应该在课堂上记笔记。但是必要难度原理建议，别在课堂上记笔记，边听老师讲课边记笔记，你会听得太明白，写入太容易，但大脑这块硬盘未来会不易提取出来。过些日子，多数内容会被遗忘。反之，如果我们略微增加写入难度，比如晚上回到宿舍或者第二天再写笔记，这样未来提取会更容易。即你有些困难地存入，会记得更好并真正学会。

纳博科夫、梅棹忠夫、姚雪垠这类卡片写作爱好者，无不是通过自我修炼，无意中掌握了必要难度原理。而卢曼比他们更精细，针对不同记忆提取场景，做了很多优化。卢曼经常使用的索引可以分为以下四类。

第一类是主题索引。当某个主题的内容积累得足够丰富，卢曼就会做一张主题索引卡，对这个主题进行概览。主题索引卡上会汇集所有相关笔记的编码或链接，每条笔记会用一两个词或一个短句简要说明核心内容。这类索引，相当于给了你一个进入某一主题的入口。

第二类与主题索引类似，只不过不是对某一主题的概览，而是针对盒子里相近位置的卡片所涉及的所有不同主题进行概览。

第三类是在当前卡片上做索引，标明这条笔记逻辑上的前一条是什么、后一条是什么（这些卡片在盒子里的位置可能并不挨着）。

第四类，也是最常用的索引形式，就是简单的"笔记 - 笔记"连接。两条笔记可能完全没有关系，把它们关联在一起，往往会产生出乎意料的新思路。

通过这些关联操作，我们能更好地对卡片内容进行组合、拼接、提取，从而产生更高质量的内容。

最近三年，原本只在德国流行的卢曼的思想在英语世界中越来越普及。2019 年，卡片写作世界出现了一个新的爆款软件——Roam Research，其背后的原理正是卢曼卡片盒写作法。可惜这是一个商业付费软件，且在中国使用不便。所以，我经常推荐的是德国科学家丹尼尔·卢德克（Daniel Lüdecke）开发的开源软件——卡片盒笔记（Zettelkasten）。可以说，这是一款真正实现了卢曼卡片盒写作法原理的卡片写作软件，而且免费、易用、跨平台，强烈推荐大家使用。

像 Roam Research、卡片盒笔记这类软件，在吸纳卢曼卡片盒写作法思想的基础上，做出了两个核心贡献。

一是将文本的颗粒度拆分得更细。组块（block）是认知科学上的一个常用概念，文本组块正是这个概念的具象化。我们都知道，当你记忆一个手机号码时，比如，13912345678，很难直接记住。当你把它拆成 139-1234-5678 这样三个组块时，就更容易记忆。同样，我们在写作时，以大的单位很难记住，拆分成小的单位就更容易记住。写作时，用大脑直接记住的东西越多，写作就越不容易被打断，节省的脑力就越多。

二是建立了一个"双向引用"关系。什么是"双向引用"？比如我在写当前文本组块的时候，输入一个相应关键词，就能自动搜索到有哪些文本组块引用过这个关键词；同样，在另一个文档中打开另一个文本组块，我也能知道这个文本组块被谁引用。

这几年，我设计的卡片盒与卡片写作软件也在吸纳卢曼的思想精髓，融合其他流派的卡片写作方法优点，做下一轮迭代。比如，"开智大卡"尝试增加一个新的卡片盒，以及更丰富的索引卡。再如，"写匠"通过无限层级的卡片、大纲、项目、图标等功能，实现了颗粒度更细的写作单元。目前写匠借助万能插入的方法，建立了一种新的写作网状结构；未来还将直接支持"双向引用"。

可以说，无论你是使用纸质卡片写作，还是使用卡片写作软件写作，卢曼卡片盒写作法都能大大改善你的写作效率。这本书是国内第一本系统介绍如何将卢曼盒卡片法应用到写作中的图书，值得向读者推荐。期待你从此成为一名卡片写作爱好者，享受写作的乐趣。

阳志平

安人心智董事长，心智工具箱公众号作者

2021 年 5 月 7 日

外脑思考，突破思维局限的写作法

有幸参与本书中文版的出版，感谢译者、编辑、出版社的努力，更要感谢原作者阿伦斯（Sönke Ahrens）无私地分享自己的洞见。

我和作者的兴趣一样，也是外脑思考（Thinking Outside the Brain）。作为云笔记开发者，我深知用户的痛苦所在，也知道用户无法驾驭工具的原因在哪里。但工具功能很难改变人的思维习惯，而需要配合课程、书籍或教练服务。2019 年我在开智准备一门符合人脑认知规律的笔记课，以帮助用户轻松地使用为知笔记来工作和学习。因为我发现市面上的笔记书、付费教程并没能解决问题，更多的是学霸的个人经验或过于抽象的理论。即使是轻负荷的卢曼卡片盒、纳博科夫卡片法，也很少有人能学成功。

当我深入研究卢曼卡片盒时，看到了德国学者阿伦斯的这本书。我仔细阅读了它，直呼精彩。他已经写得很精炼很系统了，大部分原理和方法都是我想表明的，甚至有些经验超越了我的思维局限，让我从中受益匪浅。

但看过往的豆瓣书评，并没有展现出它的价值。可能是大家把他当写作书在读，已经是那种思维习惯的人觉得啥也没写，没有干货；不是那种思维习惯的人会觉得不知所云，无从下手。

而它最重要的价值是在毫不起眼的日常工作流程和做笔记的细节上。千里之行始于跬步的道理中国人都懂，但没人教过我们在一步一步地、枯燥地踏在探索未知的路上时如何保持热情，如何坚持，如何充满信心，如何时刻和自己对话，以及如何走好每一步。书中介绍的工作流和原则，是卢曼等人利用卡片盒实践过的，他们完全无须坚持就充满乐趣地达成了非凡成就。

我玩越野跑，跑过环勃朗峰越野跑（UTMB）、环富士山越野跑（UTMF）挑战赛，深知全世界的人仅凭意志力和坚持，绝无可能完成那种极限挑战。只有完全换另一种思维方式，才能心情愉悦地、安全地达成目标。创业如此，做产品如此，写论文亦如此。

期待你在本书的帮助下掌握卢曼卡片笔记写作法的精髓，在学习、研究和成为专家的路上，保持热情，一路前行。把诸如拖延、坚持、压力、焦虑、知识管理、时间管理等热词从脑海里划掉。

本书在有的国家被当作笔记工具书出版，但当作专业写作书也是非常合适的，因为它是科研和非虚构类写作者的刚需。即使不搞科研、不写论文的你，这本书也能让你豁然开朗。上学时，老师限定了一个框，抄抄板书、背熟知识点就能成为好学生；但工作后，解决问题、搞研究、做产品、提创意，再用那种拼图式学习法、学生笔记法必将力不从心。应该怎么做呢？你可以从本书中得到答案。使用卡片笔记写作法，我们可以不定期地提取先前的想法和事实，并将它们与其他信息联系起来，这正是专家们推荐的学习方式。

李峻

为知笔记 CEO

2021 年 5 月 9 日

用卡片笔记积累你的知识复利

一本讲笔记方法的书改变了我的人生轨迹？答案是：是的。

大概在三年前，我困惑于知识管理的方法大多复杂且不实用，于是开始寻觅更好的知识管理思路，便找到了这本书的英文版。书中主要介绍的是德国社会学家尼克拉斯·卢曼自创的一套笔记方法，利用这套方法，他一生积累了 90000 个知识卡片，写了 58 本书和其他大量出版物。

1968 年，卢曼在比勒菲尔德大学的教授职位上发表论文时收到一份关于他研究内容的调查问卷，他的回答是这样的："项目：社会学理论。期限：30 年。成本：零。"

这是一个让人震撼的答案，是什么知识管理方法如此高效？我带着这个疑问，以这本书为起点开始不断探索卢曼的卡片笔记法。

从本质上讲，卡片笔记写作法不是一种"技巧"，而是一个"系统"，一种存储和组织知识、扩展记忆以及生成新连接和想法的系统。简单来说，就是把你感兴趣或者将来可能会用到的知识收集起来，然后用一种像集装箱一样标准化的方式，去处理这些笔记，建立笔记之间的联系，供你使用。

而使用这套系统，需要我们对自己的思维方式进行一次升级——重要的不是记录，而是更好地思考。

这本书除了讲述卡片笔记写作法，作者申克·阿伦斯还阐述了许多卢曼反直觉的思考方式，比如拒绝做知识的搬运工，必须用自己的话写下来；比如需要记录的是知识，而非信息；比如不需要进行机械分类，而是让关系慢慢地自动生长出来等。让你能够从另外一个角度重新看待"做笔记"这件事背后蕴藏的深层思考。

艾伦·凯说过：预测未来的最好方法就是发明它。我和这本书的缘分在于，它直接启发了我和老友再次走上了创业的道路。我们希望将这套方法变成更现代化、更易用的数字化工具，帮助今日的知识工作者积累属于自己的知识库，用知识的复利帮助自己做出更好的决策，抵御更多的不确定性。

感谢译者陈琳和人民邮电出版社将这种方法带到中国，解决了当时我翻着词典看英文版的痛苦。也希望这本书能让你开始写下第一张知识卡片，积累起属于自己的知识复利。

未来已至，只是分布得还不均匀。

少楠

flomo·浮墨卡片笔记联合创始人

2021 年 5 月 26 日

译者序

本书所介绍的方法适用于大多数人。书中的原型尼克拉斯·卢曼，原本就和如今的大多数人一样，做着朝九晚五的公务员工作，平日里回家以后就读一读自己喜欢的书，连最初做笔记的方式也和大多数人没有差别，比如在空白处写写评论。只是他很快意识到这样做笔记除了会得到大量笔记，不会有任何成果。于是，卢曼改变了记笔记的方式，转而将笔记记到卡片上，收集到卡片盒里，并且经常思考某些笔记如何与另一些笔记建立联系。在卢曼的卡片盒里，一个个原本孤立的想法渐渐变成了想法集群，并衍生出更多系统性的思想。这套笔记系统成了卢曼的生产力引擎，使他这个酿酒师的儿子从公务员变成了社会学教授，并使他凭借高质量、高产出成为 20 世纪最伟大的社会学家之一。

以往教授笔记方法的图书多以两类为主：一类是教授记笔记的形式，比如一页纸法、九宫格法、思维导图法；另一类则以教授原理为主，如费曼笔记法、康奈尔笔记法、PQ4R 法等。这些内容大多只能解决眼前的问题，即让大家把笔记记起来，但是久而久之积累下来的笔记将把我们引向何处却很少提及。常见的情况是这学期记了很多笔记，下学期又重新开始，或者是读某本书记了一些笔记，读另一本书时又重新开始记。这样的问题在于我们的学习成果不能跨领域、跨时间形成累积，不能帮助我们取得更大的作为。非常可惜。

本书以卢曼卡片盒为核心的一整套记笔记流程，不仅可以让我们有效地记录想法，随着时间的推移，这些想法还可以汇聚成想法集群，在我们学习其他内容时帮助我们理解，在我们需要输出时可以引用已有的素材创作出满意的作品。

因为平日里的所读所想都已经被记录，众多的想法集群再经过长期的迭代，甚至都已经孵化出了论文的雏形。如果你是学生或科研工作者，不会再为写论文发愁，如果你是知识工作者，不需要再为明天的更新写什么而发愁，也不需要为在自己和热点之间寻找结合点而焦虑，因为你平日里的输入就是在输出，最后写出来只是水到渠成的事情。

当开始写译者序时，我遇到了作者在书中说的情况，即有太多东西想写，需要精心做出取舍并组织好内容。而现实中当我们想写一些东西时，却往往不知道从何写起，只能面对着空白屏幕或白纸从零开始，然后凭感觉、凭记忆、凭运气去写作。这也正是本书所说的"自下而上"和"自上而下"两种工作流程的区别之一。前者是把功夫花在平时，当我们前期学习时，就以一种聪明的方式记笔记，这些笔记会成为我们日后的生产性资料。后者常常是以计划开始，然后围绕某个主题去搜集资料，这样就难免有很大的随机性，甚至经常要持续面临阶段性的风险和可能最终失败的代价。

书中的精彩内容有很多，每位读者从自己的经验出发，都可以读出不同的内涵。这里以译者的视角选择几例与读者朋友分享。

为什么要记笔记？我们看书学习时会产生自己的思考，这样的洞见来之不易，如果不记笔记，往往会转瞬即逝，因此记笔记可以巩固我们的思考成果。自己的思考并不意味着完全不同于原始的知识，有时哪怕是精简一下语言，调整一下语序，使得下一次再查看时不需要花费和第一次一样多的时间，那么我们花在第一次学习上的时间也就有了价值。更不要说像本书建议的那样，用自己的语言，以标准化的格式记下笔记，再在笔记之间建立联系，产生更多新的想法了。一个笔记系统不仅可以是我们的外接大脑，也可以是生产力的助推器。

为什么同样都是记笔记，却很少有人能像作者和书中介绍的卢

曼那样轻松且顺利地做研究呢？这就是作者在书的末尾谈到的
为什么不是写一篇文章，而是要写一本书来向读者介绍这种方
式的原因了。这是一套工作流程，而不仅仅是一个工具加上几
个概念那么简单。为了形成这套工作流程，我们需要先自己阅
读本书，然后用自己的话记下自己的理解，并要巩固这些思考
成果。之后选择一项不得不做的学习任务或工作任务，借助某
个工具将书中的部分方法付诸实践。一段时间后，再结合使用
经历回头重新看看，有哪些部分自己当时看的时候没在意，又
有哪些地方自己看到了但是没能记下来，还有哪些自己记下来
了却没能去应用。学习时，我们需要像剥洋葱一样，一层又一
层地解构书中的原理；而运用时，则需要像在故宫修漆器类文
物一样，分多次、分层地复原书中的原理。

既然书中介绍的卢曼卡片盒方法那么好，为什么长久以来很少
有人能用这套方法取得像卢曼一样杰出的成就呢？书中提到一
个主要原因就是人们普遍认为巨大的成就一定来源于伟大的想
法，这和译者的切身感受一致——一些人已经用 Anki（一款
很受欢迎的间隔复习软件）提高了学习质量，另一些人则还
在寻找所谓的更厉害的工具。其实哪有什么惊人绝技，有的只
是把简单有效的方法用到极致罢了。

看过这本书以后，如何让自己变得更好？

许多外国人写的书在中国读者心里都有一种"明明可以通过

一篇文章说清楚的事情，却偏偏要写一本书"的印象，本书却是个例外，至少对那些具备相关知识或经验的读者，或者是愿意花时间将原理付诸实践的读者来说，信息量其实很大，而且是常看常新。

比如本书的核心，将记笔记分为闪念笔记、文献笔记和永久笔记三类，许多人或多或少地都在做某些方面，但为什么做不好呢？可能也记了很多灵感，但是不是因为分散在许多个地方而没有集中于一处，并且没有及时整理呢？在记笔记时，是抄录，还是用自己的话？是有选择地记，还是什么都想记？在整理文献笔记时，是否以标准化的统一格式记录？记了永久笔记以后，能否像卢曼一样，每天抽出固定的时间在笔记中漫游、思考和寻找可能的联系？这些读起来很容易，但做得到或做不到，结果却是云泥之差。

又比如书中介绍的两种衡量记忆的方法，我们究竟该用哪一种？或者是以哪一种为主？如果直接抛弃通过重复来记忆的"存储强度"，只依赖于通过建立联系来记忆的"提取强度"，相信很多人会压根就不知道自己记过某些笔记，又如何能将它们与新笔记建立联系呢？以译者的经验，如果已经是某个领域的资深专家，可以完全依赖"提取强度"去记忆，因为可供建立联系的已有知识已经相当充足了；如果是一个彻头彻尾的新手，还是要以"存储强度"的一遍遍重复作为主要的记忆方式，也是为后续学习储备前置知识；如果是介于新手和专家之间的水平，那么可以将两种方式适当配比，融入自己的学习之中。

如果读者只是从网上浏览了别人分享的关于这本书的书摘，那么这种既不是自己的理解又没有语境的干货，就很难在自己的知识、情感和实践层面等找到契合点，这就是教育学上讲的"惰性知识"，自然很难为己所用。如果读者看过原书，也有了自己的思考，却没能记得住，或者习惯性地用一句"一看就会、一做就废"来搪塞自己，那么可能忽视了学习心理学上关于成功模仿的四要素——观察、保持、复现和动机。书中提到了两种记忆方式，一种"提取强度"，采用 Zettelkasten 等工具，通过建立频繁的联系来增强记忆；另一种是"存储强度"，通过闪卡类工具，如译者长期在普及的 Anki 软件，通过间隔复习来增强记忆。只有先记住，让原理在头脑中保持住，才有下一步在实践中复现的可能性。由于自身知识的不足，我们常常在第一次学习时错过某些对自己有用的东西；又由于实践的缺乏，常常会忽略某些重要的方面。译者建议读者在实践书中这套工作流程时，给自己更多的耐心，在学习和实践方面交替进行多次。如果没有理论的指导，实践就会变得盲目；而如果没有实践的充实，那么理论就会显得空洞。

本书的内容相当精彩，留给读者朋友们自行探索，相信会对大家改善学习有所帮助。

译者能有幸作为本书的翻译，还要感谢天津师范大学管理学院副教授王树义老师的牵线，同时感谢人民邮电出版社的张渝涓女士在促成本书顺利出版方面给予的全程支持。还要感谢我的前同事冯淑娴，她是本书的第一位非专业读者，也是一位优秀的语文老师。很多对专业读者来说不言自明的地方，在非专业读者看来都存在疑问，在她的反馈下，本书的诸多地方又做了修改，使得内容的难度对于普通读者也更加友好。

不过，由于译者水平有限，译文如有不当之处，敬请批评指正。

译者　陈琳

学习骇客公众号主理人

导论

每个人都离不开写作。尤其是在学术界，学生要写，教授要写，而非虚构类写作者们作为本书旨在帮助的第三类人，他们显然也需要写。

这里所说的写作，不一定指写论文、写文章或写书，也包括日常基本的写作或记录。当需要记住些什么时，无论是一个想法、一句话，还是一项研究成果，我们往往都需要写下来，还会借助写来组织自己的思想，或者与他人交流。学生不仅在考试的时候需要写东西；即使是准备参加口语考试，他们要做的第一件事也是拿起笔和纸来准备考试。我们要写下那些我们担心忘记的东西，而且要写下那些我们试图记住的东西，每一点脑力耕耘都是从一条笔记开始的。

写作在学习、研究和探究过程中都起着至关重要的作用。令人惊讶的是，我们对写作本身却思考得很少。

说到写作，大家往往会聚焦在少数特殊的境况，比如写一部长篇小说、一本专著、一篇文章，或者是作为学生必须交的小论文和学位论文。乍一看颇有道理：完成这些写作任务是最让人焦虑的，也是最费时费力的。所以，大多数学术自助书籍或学习指南所关注的都是这些长篇大论的"书面作品"，对于占据"写作"最大份量的日常如何记笔记，相关指导书却是少之又少。

具体来说，现有的写作类书籍大致分为两类。

第一类是形式上的要求，主要讲写作风格、结构，或如何正确引用文献；第二类主要给予心理方面的指导，教你如何在精神不崩溃的情况下，赶在导师或出版商拒绝再一次推迟截止日期之前完成你的作品。

这些写作书的共同点都是教大家从空白的屏幕或一张白纸开始写作，而忽略了记笔记这个关键的步骤，并没有让人真正明白改善写作的组织过程才是最重要的。他们似乎忘记了，写作过程的开始远早于在空白的屏幕上落笔，而实际写下论点也只是这个过程中最小的部分。

本书旨在告诉你，如何将你的想法和发现，高效地转化为令人信服的书面作品，并在此过程中建立起一个卡片盒笔记宝库。在这个过程中，你不仅可以利用这个笔记宝库让自己的写作变得更容易、更有趣，还可以用来长期学习，产生新的想法。最重要的是，你每天都可以用写作的方式来推进你的项目。

写作并不是学习、研究和探究之后的事情，而是这些工作的媒介。每天的写作、记笔记和打草稿就像我们的呼吸一样，它对我们所做的工作至关重要。只不过因为我们一直在写，所以很容易忽视它。也许这就是我们很少考虑改善写作的原因。

虽然再好的"呼吸"技巧也很难给我们的写作带来多大的改变，但是我们在组织日常写作的方式上的任何改进，包括如何记录所见所得，以及引发的所思所想，都可能会在我们真正面对空白纸张或屏幕的那一刻起到决定性的作用。即便达不到这种效果，那些会做笔记的聪明人也绝不至于对着空白屏幕而不知道从何写起。

人们不重视记笔记的另一个原因是，即使笔记记得不好，也不会立即得到任何负面的反馈。因此，没有直接的失败体验，也就不会有太多的改善需求。出版市场同样遵循供需规律，大家对"如何记笔记"这类指导书需求小，自然就出版得少。而当面对空白屏幕所产生的恐慌驱使学生和学术写作者们不得不转向摆满写作自助书的书架时，市场化的出版商们便纷纷去提供"亡羊补牢"的教程了。

而如果笔记做得不系统，不实用，或者干脆就是错误的，可能直到陷入截止日期的恐慌中时，才意识到这一点，为什么总有一些人能写出很多好文章，而且每次他们还总有时间答应喝咖啡。我们想到的可能只是种看似合理而非真实的原因——"有些人就是这样""写作就是非常难啊""苦苦求索是解决问题的一部分"，这些话就像咒语一样，让太多的人忽略了成功的写作策略和不太成功的写作策略之间真正的区别在于——笔记做得好还是不好。

那么在面对空白页之前的几个星期、几个月甚至几年里，到底可以做些什么特别的准备工作，才能让我们进入最佳的写作状态，最终写出一篇优秀的论文呢？

不知道如何正确引用文献或者害怕写作，导致为完成论文苦苦挣扎的人是很少的，为给朋友发短信或写邮件而苦恼的人更是寥寥无几。如果不会引用文献可以查引用的规则，而害怕写作的人也不会像论文逾期的人那么多。大多数人苦于写作的原因都差不多，就是因为他们相信或者被迫相信写作是从一张空白页开始的。

如果你认定手头确实没有什么可写，你当然就会感到恐慌。仅仅在脑子里感觉满满完全不够，因为把想法写在纸上才是最难的。这就是为什么良好的笔记是构建好的、有成效写作的基础。把已经写好的东西整理成另一篇书面作品，比把所有的东西都在脑海里组合起来，再从脑海里捞出来写在纸上，要容易得多。

综上所述，一篇论文的质量和写作的难易程度，更多取决于在确定题目之前为写作所做的准备。但如果事实果真如此（我完全相信），成功写作的关键就在于做好充分的准备工作，那么也就意味着绝大多数写作自助书籍和学习指南只能帮助你正确地、中规中矩地把"牢"补好——不是及时"补"，而是"亡羊"几个月之后。

了解到这一点，也就不再奇怪为什么说衡量人们能否取得学术成就，最重要的不是看他们头脑中发现了什么，而是看他们平时功夫到不到位。

事实上，高智商与学术成功之间并没有明显的相关性——至少当智商在 120 分以内时相差不大。当然，智力水平高有助于你进入学术界，如果你在智商测试中感觉吃力，很可能你也会在解决学术问题时感到棘手。但是，一旦你进入学术研究领域，你会发现高智商既不能帮助你脱颖而出，也不能保证你立于不败之地。事实上，在智力的各种因素中，起最大作用的不是智商，而是一个人具备怎样的自律或自控力来处理手头的事务（Duckworth and Seligman, 2005; Tangney, Baumeister, and Boone, 2004）。

其实你是谁并不重要，重要的是你的行动力。完成需要完成的任务，并以聪明的方式去完成，如无意外，你就一定能够成功。其实，这既是好消息，也是坏消息。好消息是，虽然我们的智商很难提高，但似乎只要有一点意志力，我们就可以掌控更多的自律性。坏消息是，我们其实没有这种控制自己的能力，仅仅靠意志力形成自律或自控力绝没那么容易。就我们今天所知，意志力是一种有限的资源，它消耗得很快 [1]，而且从长期来看，也没有那么多手段快速提升意志力（Baumeister, Bratslavsky, Muraven, and Tice, 1998; Muraven, Tice, and Baumeister, 1998; Schmeichel, Vohs, and Baumeister, 2003; Moller, 2006）。毕竟，没有谁乐意头悬梁、锥刺股。

幸运的是，这个问题并非无解。我们今天知道，自控和自律与环境的关系远比与个人的关系大得多（Thaler, 2015），而环境是可以改变的。当周围没有巧克力棒的时候，人们自然不需要靠意志力来拒绝美食的诱惑。如果一个人特别想做某件事，他也用不着靠意志力去完成。长期利益和短期利益之间不存在

[1] 关于意志力或"自我损耗"的研究目前还众说纷纭。但是可以肯定地说，从长远来看，依赖用意志力来完成一件事情是一种非常糟糕的策略。参见 Inzlicht / Friese 2019

冲突，所以每项有趣、有意义、明确的任务都会被完成，而且这样的任务每次都能比需要靠意志力完成的任务完成得好。如果做一件事不是因为你有意志力，而是根本不需要使用意志力，那就意味着离成功不远了。而组织写作和记笔记就能发挥这样的作用。

卡片笔记写作法
How To Take Smart Notes

第一章　　**绪论**

关于写作，你需要知道的

此前，人们在教授写作和记笔记的技巧时通常都不太考虑写作的总体流程，而本书的目的正是要改变这种状况。本书要给大家介绍一些记笔记的工具，这些工具曾让一个酿酒师的儿子变成了 20 世纪最有创造力、备受尊敬的社会科学家之一。本书还描述了他是如何将这些工具运用到他的工作流程中，让他因此说："我从不强迫自己做任何我不喜欢的事情。每当我思路卡顿的时候，我就会转头去做别的事情。"好的安排可以让你做到在不同的任务间自如切换，而不会破坏整体安排，也不会漏掉重点部分。

具有优秀结构的笔记是你可以信任的写作宝库。这样你就不必记住或记挂着每一件事，从而可以把你的大脑从沉重的记忆负担中解脱出来。如果你能信任笔记系统，就可以不必拼命用大脑记住所有东西，从而可以集中精神去思考重要的东西，比如文章的内容、论点和想法。如果把"写论文"这个无定式的任务分解成一个个小而清晰的独立任务，你就可以一次只专注于一件事，完成一件事之后，再做下一件事。安排得当，写作就会很顺利，在这种状态下，你会完全沉浸在写作的心流状态中，甚至会忘记时间，不停地写下去，似乎"得来全不费工夫"（Csikszentmihalyi, 1975）。这可不是什么"文章偶天成"，而是写作流程使然。

作为学生、研究者和非虚构类写作者，我们在时间安排上比别人有更多的自由，但最伤脑筋的问题仍然是拖延和动力不足。出现这种情况不是因为找不到有趣的主题，而是所用的工作流程不合适，这样的流程不但不能把我们导向正确的方向，反而成为一种羁绊。一个好的、有条理的工作流程，可以让我们在工作中占据主动，有更多的自由在正确的时间做正确的事。

做事情有清晰的结构与制订做事计划截然不同。制订计划是给自己强加条条框框，进度变得按部就班。如果想按照计划推进，你就得用意志力逼迫自己，这样容易导致自己陷入意志消沉的状态，而且这种方式也不适合像研究、思考或持续学习这样的开放式过程。因为在这个过程中，我们必须随着每一个新的见解、理解或成果而调整下一个步骤——理想的情况是定期调整，而不仅仅是特例。尽管制订计划这种模式往往与研究和学习的理念相悖，但大多数学习指南和学术写作书籍都把制订写作计划当作头等大事。可是思考的洞见本来就是无法预知的，如何能靠计划制订出来？一个巨大的误解是：如果不制订计划，就只能是漫无目的地乱写一气。其实我们真正该做的是构建适合自己的工作流程，让洞见和新想法成为推动我们前进的驱动力。

遗憾的是，就连现在的大学也倾向于把学生都培养成计划制订者。当然，如果你坚持不懈地遵照计划执行，通过考试是没问题的，但这种方式不会使你成为掌握学习、写作、记笔记本领的高手。计划制订者在完成考试后多半不会继续自主学习，而是庆幸考试终于结束了。而真正的高手则不会考虑主动放弃已经被证明是有价值和有趣的事情，而是会用一种能够真正产生洞见、积累和激发新想法的方式学习。我相信本书的读者都更愿意做一名真正的高手，而不是成为一个计划至上者。

如果你是一个正在想办法提高写作水平的学生，那么你的目标有可能已经很高了，因为通常越是最好的学生越肯钻研。优秀的学生关心的是如何找到正确的表达方式，所以会在遣词造句上煞费苦心。他们会花费更多的时间来发现更好的写作角度。因为经验告诉他们，最初的想法往往不会很好，有价值的写作主题不会像天上掉下的馅饼一样直接砸在自己头上。为了更好地了解文献的概况，他们成天泡在图书馆里阅读，而海量阅读就意味着他们会陷入更多的信息。但是，并非读得越多，思路越宽，特别是在开始的时候，会发现翻阅的资料越多，能展开工作的切入点反而少了，因为大部分论点已经被别人想到了。

优秀的学生看问题不满足于浅尝辄止，他们常越过自己学科的藩篱去窥探外界。一旦这么做了，即使是在得不到任何指导的情况下应对纷至沓来的想法，也不会再回头和别人一样行事。这就意味着他们需要一个系统来跟进不断增加的信息库，使人能够以一种聪明的方式将不同的想法聚合起来，然后产生新的想法。

而成绩差的学生却不存在这些麻烦。他们只在本学科领域内打转，只读规定书目（甚至更少），他们不需要严谨的外部系统，只要照搬"如何写科学论文"的惯用公式就可以完成写作。事实上，成绩差的学生往往自我感觉良好（直到他们参加考试时才露出原形），因为他们不会有太多的自我怀疑。在心理学上，这被称为邓宁—克鲁格效应（Kruger and Dunning, 1999）。成绩差的学生对自己的局限性认识不足，只有他们接触到外面大量的知识，才能看到自己所掌握的东西有多匮乏。这就意味着，那些在某方面不是很擅长的人往往过于自信，而那些努力过的人往往低估了自己的能力。成绩差的学生并不难找到一个问题来写论文，因为他们既不缺乏观点，也不缺乏盲目的自信。他们也不难在文献中找到论据，因为通常他们对发现和思考反面论据与论点既缺乏兴趣，也缺乏技巧。

而优秀的学生会专注于尚未学到和掌握的东西，并因此不断提高自己的标准。这就是为什么那些接触到外部大量知识的高分者反而很可能会患上心理学家所说的"冒牌货综合征"，也就是说，他们感觉自己并不能真正胜任这份工作，尽管在所有的人中，自己是最有资格胜任的（Clance and Imes, 1978; Brems et al., 1994）。而这本书正是为那些优秀的学生、雄心勃勃的学者和充满好奇心的非虚构类写作者准备的，他们明白洞见来之不易，写作不仅仅是为了宣扬观点，更是获得有价值洞见的主要工具。

好的解决方案往往简单且出人意料

其实，你没有必要建立一个复杂的系统，也没有必要重新组织你已经拥有的一切。你可以通过记卡片盒笔记的方法立即开始工作，并完善自己的想法。

不过，笔记的复杂性是个问题。即使你不是为了推演一套宏大的理论，而只是想梳理所阅读的内容、整理笔记、记录下自己的思路，你也必须整理越来越庞杂的文字，特别是还想在笔记间建立联系和通过笔记获得新想法的时候。大多数人通过将笔记拆分成堆、成叠或放入单独的文件夹来降低其复杂性，还会按主题、子主题对笔记进行分类，使笔记看起来不那么复杂，但这也只是一时的，而且这样的整理过程会降低我们发现笔记间潜在联系的可能性，造成笔记的可用性和实用性难以兼顾。

幸运的是，我们不必也不需要在可用性和实用性之间做出取舍。恰恰相反，处理复杂的事情最好的方法是尽可能地保持简单，并遵循一些基本原则。我们可以用简化的结构搭建复杂的内容。关于这一现象，目前已经有相当广泛的实证和逻辑研究（Sull and Eisenhardt, 2015）。做卡片盒笔记就是这样一种简单的方法。

另一个好消息是只要投入很少的时间和精力就能开始做研究。尽管可能会大大改变阅读、做笔记和写作的方式，但几乎不需要任何准备时间（如果选择电子形式的笔记，只需要理解原理并安装一两个应用软件）。不需要重做以前做过的事情，而是从现在开始改变工作方式就行。不需要重新组织已有的任何东西，只要在必须处理事情的那一刻，换一种方式来处理就行了。

还有一个更好的消息是，我们没必要重新发明一套方法，只需要结合两个众所周知且经过验证的方法。第一个方法是简单的卢曼卡片盒技术，这是本书的核心。书中将解释这个系统的原理，并向学生、学者或非虚构类写作者展示如何在日常工作中应用。值得庆幸的是，所有主流操作系统都有相应的应用软件，但如果喜欢使用纸笔，在效率和便捷性方面，仍然会轻松超越那些坚持使用原有方法做笔记的人。

第二个方法同样重要。如果你不改变工具所涉及的日常工作，即使是最好的工具也不会大幅提升工作效率，就像如果没有合适的道路来驾驶汽车，就算最快的汽车也不会有什么帮助。正如每一种行为的改变一样，工作习惯的改变也会有一个反复的过程。新的做法一开始可能会让你感到别扭，觉得不像凭直觉去做那样有必要性，这很正常。但是，当你习惯于做这种笔记时，你会觉得它是如此的自然，以至于你会怀疑以前是如何完成任务的。常规工作需要简单的、可重复的任务，这些任务可以变得自动，并且无缝地结合在一起（Mata, Todd, and Lippke, 2010）。只有当所有相关的工作都相互衔接成为一个整体，所有的瓶颈都被消除时，才能发生显著的变化（这就是为什么你在互联网上找到的"提高效能的 10 个令人兴奋的工具"之类的窍门，全没什么用处）。

戴 维·艾 伦（David Allen）在《搞 定》（Getting Things Done, 2001）一书中强调了"总体工作流程的重要性"。艾伦的这套理论简称为 GTD，所以大部分知识工作者都知道"GTD"，因为它行之有效。GTD 的原则是把所有需要处理的事情收集到一起，并以标准化的方式进行处理。这倒不是说要落实所有曾经计划做的事情，而是要从中做出明确的选择，并定期检查任务是否仍然符合大局。只有明确知道从重要到琐碎的事情都已经处理妥当，能够放开手脚专注于眼前的事情时；只有当工作记忆中没有任何其他东西滞留，没有任何东西占用宝贵的精神资源时，我们才能体验到艾伦所说的"心如止水"——在这种状态下，就可以专注于眼前的工作，而不会被其他想法分散注意力。这个原理很简单，但很全面。它不是一个快速的解决方案，也不是一个花哨的工具，它不会为你完成工作，但它确实为我们的日常工作提供了一个架构，解决了这样一个问题——大多数注意力分散的情况并不是源于我们的环境，而是源于我们自己的思想。

遗憾的是，戴维·艾伦的技术不能简单地转化到有洞见的写作任务上。原因之一是，GTD 依赖于明确界定的目标，而写作所需的洞见则无法明确地预先界定。我们一开始的想法通常是非常模糊的，思路会在研究过程中才变得越来越清晰（Ahrens，2014）。因此，以洞见为目的的写作必须以更开放的方式组织。另一个原因是，GTD 要求将项目分解成更小、更具体的"下一步"。当然，有见地的写作或学术工作也是一步一步完成的，但这些工作多半太小，不值得写下来（比如查脚注，重读一章，写一段话），或者太宏大，不能一次完成。而且我们也很难预料到下一步之后要走哪一步——你可能会注意到一个脚注，然后迅速查看；也可能会试图理解一段话，需要查找一些释义；还可能做了一条笔记，再回去阅读，然后跳起来写下一个在脑海中形成的句子。

写作不是一个线性的过程，我们常常要在不同的任务之间不断地切换。细化管理到那种程度是没有任何意义的，而放大到更大的范围也同样没有真正的帮助，因为随后还会有下一步任务，比如"写一页"。你计划"写一页"并不达标，因为经常会有一大堆其他事情花去你一个小时甚至一个月。说到底，工作的推进终究还是要靠洞见来指引方向。这可能就是为什么尽管 GTD 在商场上非常成功，在自由职业者中也广受好评，但从未在学术界真正流行起来的原因。

但我们可以从艾伦身上得到的重要启示，也就是一个成功组织的秘诀在于整体观。所有的事情都需要处理好，否则被忽视的那部分会绊住我们，导致不重要的任务也变得紧急。即使是最好的工具，孤立使用它也不会有太好的效果，只有把它们嵌入精心策划的工作流程中，工具才能发挥出它们的优势。如果这些工具不能配合使用，再好的工具也没有意义。

对写作而言，从研究到校对，都是环环相扣的。所有小步骤都必须以一种方式联系起来，能够从一项任务无缝地进入另一项任务。但这些步骤又要保持足够的独立性，使我们能够在任何特定的情况下灵活地做需要做的事情。而这也是戴维·艾伦的另一个见解：只有当信任系统，而且知道一切都可以处理好的时候，大脑才会放开，才能专注于手头的任务。

这就是为什么我们需要一个像 GTD 一样全面的笔记系统，但它又要适合开放式的写作、学习和思考过程。我们下面要讲的卢曼卡片盒正是这样一种笔记系统。

卢曼卡片盒

20世纪60年代，在德国某个行政办公室的工作人员中有一个酿酒师的儿子，他叫尼克拉斯·卢曼（Niklas Luhmann）。他上过法学院，但因为他不喜欢为多个客户工作，所以选择了做一名公务员。而行政工作也需要大量的社交活动，于是他意识到这份工作并不适合自己，所以每天朝九晚五的工作结束后，他就找借口回家，做自己最喜欢的事情——阅读和关注自己感兴趣的哲学、组织理论和社会学内容。

每当遇到不同寻常的事情，或者对所读内容有想法时，他都会记下来。现在，很多人都会在晚上读书，跟着自己的兴趣走，有的甚至也会做笔记，但很少有人能像卢曼一样用它们铺成通向卓越生涯的道路。

卢曼也曾像大多数人那样记笔记，在文本的空白处写评论，或者按主题收集手写笔记，但过了一段时间，他意识到自己的笔记没有任何意义。于是，他改变了记笔记的方式。他没有再将笔记添加到现有的类别或相应的文本中，而是将它们全部写在小纸片上，并在纸片的角上编号，然后将它们收集到卡片盒中。

卢曼很快就发展出了这些笔记的新类别。他意识到，一个想法、一条笔记只有在它的上下文语境中才有价值，而上下文并不一定是它的出处。所以，他开始思考一个想法，那就是如何让笔记与不同的上下文相联系并起到相应的作用。如果只是把笔记积累在一个地方，除了产生大量的文字，不会再有其他的成果。但他用卡片盒收集笔记的方式，使收集的笔记所创造的价值远远超过了各部分的总和。他的卡片盒成了他的对话伙伴、主要的创意来源和生产力引擎，对他组织和发展他的思想大有裨益。这种方法很有效，所以他觉得用卡片盒开展工作很有意义。

正是这种方法使他得以跻身学术界。有一天，卢曼把一些想法整理成手稿，交给了德国颇有影响力的社会学家赫尔穆特·舍尔斯基（Helmut Schelsky）。舍尔斯基把它带回家，读了这个学术外行写的东西后，很快跟卢曼联系，建议他到新成立的比勒菲尔德（Bielefeld）大学担任社会学教授。尽管这个职位很有吸引力，也很体面，但卢曼并不是一名社会学家。在德国，卢曼甚至连做社会学教授助手的资格都没有。他没有写过特许任教定职论文（这是很多欧洲国家的最高学术要求，前提是已完成博士论文，并且已有学术著作出版），他也从未获得过博士学位，甚至没有获得过社会学学位。大多数人都会把这样一个提议看作是对自己的巨大恭维，接着指出这种建议行不通，然后照常过自己的生活。

但卢曼没有这样。仅仅在卡片盒的帮助下，在不到一年的时间，就完成了博士论文和定职论文，这期间他还上了社会学的课。也就是不久后的 1968 年，卢曼就被选为比勒菲尔德大学的社会学教授，并且终身担任这一职位。

在德国，教授通常在开始公开演讲时，会介绍自己的课题，卢曼也被问到他主要研究的课题是什么。他的回答堪称经典。他简洁地回答道："我的研究课题是社会理论，持续时间是 30 年，成本为零"（Luhmann, 1997）。要知道，在社会学中，"社会理论"可是所有课题之母。

29 年半以后，卢曼完成了《社会的社会》（*The Society of Society*, 1997）这本分为两卷的大部头的最后一章，轰动了学术界[1]。这是一个激进的新理论，不仅改变了社会学，而且激起了哲学、教育学、政治理论和心理学领域的热烈讨论。不过，并不是所有人都能跟上讨论，因为他所做的工作包罗万象，不仅与众不同，而且极其复杂。这部著作的每个章节都独立出版，每本书讨论了一种社会制度。他讨论的主题包含了法律、政治、经济、传播、艺术、教育、认识论，甚至还有爱情。

30 年间，他出版了 58 本著作和数百篇文章（不包括译本），许多都成为各领域的经典之作。甚至在他去世之后，他办公室

---

[1] 1987 年，他出版了一本名为《社会系统》、编号为"666"的书介绍了他的理论。那些不知道他笔记系统的人可能会认为他的超高生产力只能用天赋来解释。

里留下的快完成的手稿被整理出来，又有六七本关于宗教、教育或政治等不同主题的书以他的署名出版。我身边的很多同事都愿意穷尽一生所能，像卢曼一样著作等身。

与一些毕生追求事业的学者竭力从一个想法中挤出尽可能多的出版物不同，卢曼似乎反其道而行之。他那源源不断的想法比他能够写下来的还要多，他的文字读起来就像他在努力通过一本出版物展现出尽可能多的见解和想法。

当有人问他是否错过生命中的一些东西时，他有一个著名的回答："如果说我想要什么，那就是更多的时间，但令人遗憾的是时间实在太少了"（Luhmann, Baecker, and Stanitzek, 1987）。有些学者让助手做主要工作，或者有一个团队帮他们写论文，然后加上自己的名字。但卢曼却不这样做，他很少接受别人的协助。最后一个为他工作的助手确切地表示，他唯一能够给予卢曼的帮助就是在他的手稿中发现一些错别字。唯一真正能够帮助卢曼的是一名管家，平时为他和孩子们做饭，因为妻子早逝后卢曼独自抚养三个孩子。当然，雇人一周做五顿热饭，并不是他能写出大约 60 本有影响力的书籍和无数文章的真正原因。

德国社会学家约翰内斯·F. K. 施密特（Johannes F. K. Schmidt）在对卢曼的工作流程做了大量研究后，得出结论：他的庞大产出只能用他独特的工作方法来解释（Schmidt,

2013）。这个方法从来都不是秘密，卢曼对此一直是公开的，他经常提到他的生产力源于他的卡片盒。早在 1985 年，别人问他如何能够实现高产的问题时，他都是这样回答："当然，我并不是什么事都自己想。它们主要是在卡片盒里发生的"（Luhmann, Baecker, and Stanitzek, 1987）。但很少有人仔细研究卢曼的卡片盒及其使用方法，人们只是把他的解释当作天才谦虚的说辞。

虽然他的高产令人印象深刻，但是比起他的出版物的庞大数量或他的著作的超高水平，更令人印象深刻的是，他似乎没有付出多少心血就实现了这一切。他强调自己从不强迫自己去做不喜欢的事，他甚至说："我只做容易的事情，我只在马上知道要怎么写的时候才会写作。如果我有片刻的动摇，我就会把这件事放在一边，然后继续做别的事"（Luhmann et al., 1987）。

一直到现在，仍然几乎没有人真正相信这种说法。我们仍然习惯性地认为一个人要取得巨大的成就，必须付出艰辛的努力；而不愿意相信，我们只要简简单单地改变一下工作方式，就不仅可以使工作效率更高，而且工作会变得更有趣。但是卢曼取得这些令人印象深刻的成就并不是因为他从来没有强迫自己去做自己不喜欢的事情，而是因为工作方式的改变使然，这难道不是更有说服力吗？哪怕工作很艰苦，只要符合我们的内在目标，并且我们觉得可以掌控，工作就会很有趣。而如果以一种僵化的方式来安排工作，当事情发生变化而无法调整时，工作就有可能停滞不前、无法完成。

保持掌控感的最好方法就是保持控制。为了保持控制，在写作过程中，我们最好开放自己的选择权，而不是把自己限制在最初的想法里。对于写作，尤其是以洞见为导向的写作，问题会发生变化是很正常的，可能我们所处理的材料与原来的想象大相径庭，也可能我们会有新的想法，这些都会改变工作的思路。只有当工作的方式足够灵活，允许这些细小而频繁的调整，我们才能保持兴趣、动机和工作的一致性，这就是毫不费力地工作的前提。

卢曼能够专注于眼前的重要事情，迅速拾起落下的工作，并保持对过程的控制，是因为他的工作结构允许他这样做。如果工作环境足够灵活，能够适应我们的工作节奏，我们就不需要在阻力中挣扎。对成功人士的研究一再证明，成功不是源于强大的意志力和克服阻力的能力，而是源于高明的工作环境事先避免了阻力（Neal et al., 2012; Painter et al., 2002; Hearn et al., 1998）。高效率的人不会与不利的阻力作斗争，而是像柔道冠军一样转移阻力，这不仅要依靠正确的心态，也要依靠正确的工作流程。卢曼之所以能够在不同的任务和思维层次之间灵活地切换，正是因为他能够巧妙地使用他的卡片盒。这种方式涉及选择正确的工具和如何正确地使用它们两个方面，但很少有人明白这两者缺一不可。

人们仍然在寻找卢曼的"秘密"，把他的超常高产归因为他是个天才，还有人认为只要有卢曼卡片盒，他们就可以成功。当然，要想在学术和写作上取得成功，离不开聪明才智，但如果缺乏一个外在的系统来记录和组织你的思想、观点和收集到的论据，或者你不知道如何把这个系统融入日常工作中，那么你的劣势就会非常明显，根本无法用高智商来弥补。

"卢曼卡片盒"方法已经公开三十多年了，其中并没有什么技术秘密。那么，为什么不是每个人都在使用卡片盒，并能毫不费力地走向成功呢？是因为它太复杂吗？当然不是。其实这个系统非常简单。真正的原因在于：

第一，直到现在，虽然关于卡片笔记系统的第一批研究成果已发表，人们对卢曼的实际工作方式还是普遍存在一些关键性的误解。这导致许多试图效仿使用该系统的人对结果大失所望。主要的误解源于人们对卢曼卡片盒的孤立关注，而忽视了它所嵌入的实际工作流程。

第二，几乎所有关于这个系统的出版物都只有德语版本，并且几乎只在为数不多的专门研究卢曼社会系统理论的社会学家内部进行讨论，因此很难引起大众的关注。

第三，这也可能是最重要的原因，就是它太简单。直觉上，大多数人对简单的办法并不抱有太大的期望。

他们更愿意相信取得杰出成就的人一定使用了不同寻常的复杂手段。

与亨利·福特同时代的人不明白，为什么像传送带这样简单的东西会有那么大的革命性——把汽车从一个工人运到另一个工人面前，和让工人从一台汽车走到另一台汽车跟前有什么不同呢？不难理解，一些人甚至认为福特在这种微不足道的小变动上投入过多的热情是有点犯傻。这种小调整带来的巨大便利，只有事后才能为普通人所接受。卢曼的卡片盒和工作程序的优势不知道什么时候才会同样明显地展现在大家面前。等到那时，大家就都明白了。

不管原因是什么，卢曼卡片盒笔记法现在已经开始流传开了，如果迅速风靡起来，我看也是理所当然的。

卡片盒使用手册

这个系统的核心——卡片盒是如何工作的呢？

严格来说，卢曼有两类卡片盒：一类是文献卡片盒，里面有文献和对文献内容的简要说明；另一类是主卡片盒，主要是他针对所阅读的内容收集和产生的想法。这些笔记都写在索引卡片上，存放在木质卡片盒里。

当他读到值得记录的内容时，就会在卡片的一面写上书目信息，在另一面对内容做简要的笔记（Schmidt, 2013）。这些笔记最终会被放入文献卡片盒里。

接下来，在不久之后他会查看简要笔记，并思考这些笔记与自己的思考和写作的相关性。然后，他将转向主卡片盒，在新的索引卡片上写下他的想法、评论和思想，每个想法只用一张卡片，并只写在卡片的一面上，以便以后不必把它们从盒子里拿出来就可以阅读。卢曼的笔记通常简明扼要，一张卡片上足可以写下一个想法，但有时也会再加一张卡片来延展一个想法。

他在记笔记时通常会注意卡片盒中已有的笔记。而关于文献的笔记虽然简短，但他写得非常认真，与他在最后手稿中笔记的风格并无太大差别：都是用完整的句子，并明确地引用他从哪些文献中获取材料。更多的时候，一条新的笔记会直接跟进另一条笔记，并成为一个较长笔记链的一部分。这时他会在卡片盒中的其他卡片上添加上引用信息，其中有的卡片相隔不远，有的则是在完全不同的区域和相关文献中。有些笔记是直接相关的，读起来更像是评论，有些则包含了不太明显的联系，孤立存在的笔记很少。

卢曼并不只是照抄他所读过的文章中的观点或引文，而是将其从一个语境转化到另一个语境。这很像翻译，不同的语境用不同的词描述，但是要尽量真实地保持原意。用笔记记下"作者在某一章详细证明了他的方法"，比引用文中任何词句都更能充分地描述这一章的内容。

卢曼笔记的诀窍在于，他并不是按主题来组织他的笔记，而是以相当抽象的方式给它们编上数字。这些数字没有任何意义，只是为了永久地标识每条笔记。如果一条新的笔记可以直接指向一条已经存在的笔记，比如评论、更正或补充，或与之相关，他就直接把新笔记加在已有笔记后面。如果现有笔记的编号是 22，新笔记就会被编为 23 号；如果已经存在 23 号，他就把新笔记编号为 22a。他根据自己的喜好，用数字和字母组合，中间再加上一些斜线和逗号，能够分支出许多思想串。例如，一条关于因果关系和系统论的笔记编号为 21 / 3d7a6，其后添加的新笔记就编号为 21 / 3d7a7。

每当卢曼添加一条笔记时，他都会检查他的卡片盒中是否有其他相关的笔记，以便在它们之间建立可能的联系。直接在一条笔记后面添加新笔记只是方法之一，另一种方法是在这条笔记和（或）其他笔记之间添加一个链接，另一条笔记可以在系统中的任何地方。当然，这非常类似于我们在互联网上使用超链接的方式。但它们是完全不同的，关于这一点我会在后文中解释。如果把他的卡片盒看成是个人的维基百科或纸上的数据库，那将是相当具有误导性的。它们之间显然有相似的地方，但其微妙的差异才正是这个系统的独特之处。

通过添加这些笔记之间的链接，卢曼能够将同一条笔记添加到不同的上下文中。不同于其他系统一开始就有一个预设的主题顺序，卢曼笔记法是自下而上地开发主题，然后在卡片盒中不断地添加笔记，基于这个卡片盒，通过排序相关笔记的链接，来对一个主题进行整理。

卢曼笔记系统的最后一个元素是索引，他会从这个索引中引用一两条笔记，作为进入某个思路或主题的切入点。当然，带有分类收集链接的笔记是很好的切入点。

确实如此。事实上，如果我们使用软件，会比卢曼的方法更简单：我们不再需要像卢曼那样，在笔记上手动添加数字或剪裁纸张了 [1]。

了解了卢曼卡片盒的工作原理，接下来你只需要了解如何利用它。而理解这个问题的最好方法就是了解一下我们思考、学习和发展思想的方式。如果非要将其归纳为一个要点，那就是我们需要一个可靠而简单的外部架构来思考，以弥补我们大脑的局限性。不过，我们还是先来了解一下用卢曼卡片盒写论文的过程吧。

---

[1] 在他的笔记卡片背面，不难发现，不仅有废弃的手稿，还有旧账单或孩子画画的废纸。

关于写作，你需要做的

试想一下如果你的文章并不是从一张白纸开始写起，而是已经有某个友好的精灵（或者是高薪聘请的助理——随便可以利用的人或工具）为你准备了论文初稿。这个初稿已经有一个完全成熟的论点，包括所有的参考资料、引文和一些非常高明的想法。唯一要做的就是修改这个初稿，然后把它寄出去。修改初稿不仅除了要找出错别字，还有一些其他工作要做。编辑文稿是需要专注的工作，你必须重新修改某些句子的措辞，删除一些多余的句子，也许还要增加几句甚至几段话来填补论证漏洞。不过，这时候任务已经很明确了，没有什么是在几天内完成不了的，当然也没有什么是你难以激励自己去做的。当终点线就在眼前时，每个人都会有动力。显然，从初稿到成稿这一步没有任何问题。

想象一下，如果你不是那个要编辑初稿并把它变成最终论文的人，而是那个要准备这个初稿的人，如何才能快速实现这一目标呢？如果你已经把需要的所有东西都摆在面前，包括观点、论点、引文、已写好的长段落、完整的参考书目和文献等，而且这些不仅仅是现成可读的，还是已经按照有描述性标题的章节排好顺序的，如果这样，完成初稿就简单多了。现在这也是一个明确的任务，不用担心句子是不是够完美（其他人会处理），不用费心找资料和想出点子（其他人已经搞定了），你只需要专注于把一连串想法变成连续的文字。同样，这仍然是一项严肃的工作，如果想把它做得很好，你必须付出一些努力。你可能会发现一个论点中有缺失的步骤，而不得不补上，也可能想重新整理一些笔记，或者舍弃一些你认为不太相关的东西。但是，这同样不是一个繁重的任务，所幸它不需要完美。所以，完成初稿这一步同样没有问题。

将已有的笔记整理好，尤其是当其中一半已经整理好的时候，这个任务也同样是可控的。信不信由你，在卡片盒笔记系统中搜索一系列的讨论、大量的材料和想法，是很有趣的。它不需要你像构思一个句子或理解一段困难的文本时那样专注，你的注意力可以很随意，你甚至可以用玩的心态去做这件事。只需要很少的注意力，你就能看到这些笔记之间的联系和全局。你能清楚地看到哪些长串的论证已经成型，这是一个很好的切入点。如果你确实需要找一些具体的笔记，你可以翻阅索引。这一步依然没有问题。

现在你就明白了，你不需要等待精灵出现，因为很显然每一步不仅在你的能力范围内，而且简单明了：你只需要把笔记集中起来并将它们整理好，把这些笔记变成文稿，复查一下就行了。

你可能会说，上面说的这些都很好，但是怎么写这些笔记呢？很显然，如果主要部分已经完成，只需要把它变成更有条理的文本，那么写论文就很容易了。通俗一点来说，就和"如果你缺钱，就从储蓄罐里拿"一样，如果不用考虑最关键的一步，每个人都可以让事情看起来很简单。那么，最关键一步的精灵在哪里呢？

大家会认为，记笔记才是最关键的工作。它需要花费巨大的精力、时间、耐心和意志力，你可能会在这项任务的重压下崩溃——事实并非如此，这其实是最简单的部分。因此，记笔记也不是最关键的工作，思考、阅读、理解和提出想法才是，笔记只是它们的具体成果。你所需要做的就是手里随时都拿一支笔（或者手头有电子笔记）。在做最关键的工作的同时记笔记，如果做得好，二者能够相辅相成。写，无疑是我们思考、阅读、学习、理解和产生想法的最佳催化剂。如果手中随时拿着笔，你在思考、阅读、理解和产生想法的同时，笔记也就写好了，所以无论如何，如果你想好好地思考、阅读、理解和产生想法，你手里必须有一支笔。如果你想长期学习某样东西，就必须把它写下来。如果你想真正理解某件事情，你就必须把它转化为自己的语言。思考既要在自己的脑子里进行，也要在纸上进行。神经科学家尼尔·利维（Neil Levy）在《牛津神经伦理学手册》（*Oxford Handbook of Neuroethics*）的导言中这样总结几十年的研究："纸上的笔记，或电脑屏幕上的笔记并没有让当代物理学或其他种类的智力活动变得更容易，而是让它成为可能。"神经科学家、心理学家和其他思维专家对我们大脑的工作原理有着截然不同的想法，但是，正如利维所写的那样："无论内部过程是如何实施的，你都需要了解思维对外部框架的依赖程度"（2011）。如果有一件事是专家们一致同意的，那就是你必须将你的想法外显化，必须把它们写下来。理查德·费曼和本杰明·富兰克林同样强调这一点。写作使我们更有可能理解所读到的东西，记住所学到的东西，并让我们的想法变得有意义。而既然我们无论如何都要写，为什么不利用写笔记为我们未来的出版物积累资源呢？

思考、阅读、学习、理解和产生想法是每个学习者、研究者或写作者的主要工作。如果你通过写作来提高这些活动的水平，你会得到有力的推动。如果你用卡片盒方法记笔记，它将能极大地推动你进步。

撰写论文的步骤

1. 记闪念笔记（fleeting notes）。你手边需要随时有记笔记的工具，以捕捉脑海中闪现的每一个想法。不必多虑如何写或者写什么。这些都是闪念笔记，仅仅是你脑海中想法的备忘录，不用想太多其他东西。可以把它们放到一个你定义为"收集箱"的地方，稍后统一处理。我通常会随身携带一个小本，但如果碰巧没带，我也会用餐巾纸或收据来写，有时候我也会用手机留下必要语音记录。如果你已经整理好自己的想法，而且时间比较宽裕，也可以跳过这一步，直接把想法写下来，作为一条已完成的永久笔记放在你的卡片盒里。

2. 记文献笔记（literature notes）。无论你读什么，都要做笔记，写下你不想忘记的内容，或者你认为可能会在自己的思考或写作中使用的内容。文献笔记要非常简短，精心选择，并使用自己语言记录，对引文要格外挑剔，不要只是抄写，而不去真正理解其含义。最后把这些笔记和参考书目的细节一起保存在你的文献管理系统中。

3. 记永久笔记（permanent notes）。现在打开你的卡片盒，仔细阅读你在第一步或第二步所做的笔记（最好每天一次，以及在你开始遗忘为什么记它之前），并思考它们与你自己的研究、思考或兴趣所在的相关内容有何关联。因为这里面只包含你感兴趣的东西，所以翻阅卡片盒很快就可以完成。这种笔记上的思想不是为了收集，而是为了衍生想法、论点和讨论。新的信息是否与你卡片盒里或脑海里已有的信息相互矛盾、相互一致、相互印证或相互补充？是否能把已有的想法结合起来产生新的想法？这些想法又引发了什么问题？你可以为每一个想法准确地写下一条笔记，并像为别人写作一样，使用完整的句子，标注来源，提供参考资料，并尽量做到精确、清晰和简短。此时，扔掉第一步的闪念笔记，把第二步的文献笔记放入你的文献管理系统。待所有重要的内容都进入卡片盒后，你就可以忘记它们了。

4. 现在把你新写的永久笔记添加到卡片盒中，方法如下：

（1）把每一条笔记都归档在一个或多个相关的笔记后面。如果使用软件，你可以把一条笔记"放在"多个笔记后面；如果你像卢曼那样使用纸笔记笔记，就必须将笔记放在最适合的位置，并手写添加其他笔记的链接。看新笔记与哪条笔记直接相关，如果还没有与其他笔记直接相关，就把它放在最后一条笔记之后。

（2）给相关笔记添加链接。

（3）这样做是为了确保你以后能够找到这条笔记，可以从索引页链接到它，也可以在你用来作为某个讨论或话题的切入点的笔记上做一个链接。

5. 从系统内部自下而上发展主题、问题和研究课题。你可以看看目前有什么，缺什么，出现了什么问题。通过广泛阅读来挑战和加强自己的论点，并根据了解到的新信息改变和发展自己的论点。多做笔记，进一步发展思路，看看事情的发展方向。自己跟着兴趣走，一直选择有望获得最深刻见解的那条路。以你所拥有的东西为基础，即使你的卡片盒里还没有任何东西，你也永远不会从零开始，因为你的脑海里已经有了需要检验的想法、需要挑战的观点和需要回答的问题。不要为一个主题进行头脑风暴，而是要看一下卡片盒，看看哪里已经形成了笔记链，哪里已经建立了想法群；如果另一个更有希望的想法已经成型，就不要执着于前一个想法。你对某件事情越感兴趣，就会阅读得越多，思考得越多，进而收集的笔记越多，最终越有可能从中提出问题和想法。它可能正是你一开始就感兴趣的东西，但更有可能是你的兴趣已经发生了变化，这就是洞见的作用。

6. 一段时间后，会积攒到足够多的想法去确定一个写作主题。这时，你的主题是基于你所拥有的素材，而不是基于即将阅读的文献可能提供的未知想法。思考一下这个主题的内在联系，收集所有与之相关的笔记（大部分的相关笔记已经有了一定顺序），把它们复制到大纲软件中[1]，并把它们按顺序排列好。看看哪些还不够，哪些是多余的。不要等着所有的东西都集齐，而是要积极思考，给自己足够的时间去阅读和记笔记，以改进你的想法、论点和架构。

7. 把你的笔记变成初稿。不要简单地把笔记复制到手稿里，要把它们转化成连贯的内容，并将它们嵌入到你论点的上下文中，同时从笔记中得出你的论点。检查论点中的漏洞，想办法完善或改变论点。

8. 编辑、校对你的稿子。拍拍自己的肩膀，然后开始写下一篇文稿。

这就是写作步骤，这样描述好像你一次只会写一篇论文或文章一样。实际上，你绝不会只写一个想法，而是在不同阶段同时会写出很多不同的想法，这正是卢曼卡片盒笔记法的真正优势所在。我们可以天马行空地一次思考多个问题，而且在将来可以萌发更多思考和写作主题，可能不是为了学术，也不是为了发表，但肯定能让自己的知识增长。随时收集，不要让任何好

---

[1] 或者，如果你使用的是纸笔工具，只需要将实体笔记排布到桌面上。

的想法白白浪费。你可能会读某本书，希望它能对你写的某篇论文有用。也许你读错了书，但它仍然可能包含一些有趣且值得记录的想法，发挥意想不到的作用。

事实上，你读到的每一篇文章都不大可能包含你所寻找的全部信息，而又不包含你不需要的其他内容。否则，你肯定已经知道里面的内容，也就没有理由去读它了。[1] 弄清楚某篇文章是否值得阅读的唯一方法就是去读它（哪怕只是读一点点），所以我们应该尽可能地把时间花在最有价值的地方。我们一生中会不断遇见有趣的想法，而其中只有一小部分对我们打算要写的那篇论文有用，为什么要让它们浪费掉呢？做个笔记，并将其添加到你的卡片盒中。新卡片会进一步改善已有的卡片。每一个想法都会增加群聚效应的临界量，最后你可以把一个个单纯的想法集合起来，变成一个想法生成器。

典型的日常工作包括以下全部或部分环节，比如阅读并记笔记；对卡片盒中的笔记建立关联，这个过程又会激发你新的想法；记下这些想法，并将它们添加到讨论中；写到纸上时，你又发现论点中有一个漏洞，于是到卡片笔记系统中去查找缺失的链接；你关注到一个脚注，细加研究，可能会为正在写的论文中加上一条合适的引用。

---

[1] 这个问题被称为美诺的悖论（Plato, Meno 80e, Grube 译）。

阅读的关注点要视情况而定。如果你认为某些材料对于完成最紧急的论文不是绝对必要的，当然可以不读，但你仍然会从中遇到很多想法和信息。因为偶然遇到的东西占了我们学习的大部分，所以多花一点时间把它们添加到笔记系统中是很有意义的。

想象一下，如果我们一生只学习我们计划要学习的内容或被明确教导的知识，我甚至怀疑我们能不能学会说话。每天吸收一点信息，然后根据兴趣进行过滤，这对我们未来理解、思考和写作都大有裨益。而且，最好的想法往往出乎意料。

大多数人都会同时进行不同的思考活动，他们可能会在一段时间内把注意力集中在一个想法上，然后把它搁置一段时间，直到想清楚如何进行下一步之后，再把这个想法捡起来。那就表明，现在能够拾起另一个想法，对稍后再回到先前的想法是有帮助的。保持这种灵活性更为现实，而且不必担心中断后会重新开始。

关于写作，你需要具备的能力

有这样一个故事，美国宇航局曾想办法制造一支能在太空中书写的圆珠笔。如果你曾经把圆珠笔举过头顶写字，你大概已经知道墨水的流动是因为存在重力作用。在经过一系列的制作原型、多次测试和大量资金的投入后，美国宇航局开发出了一款功能齐全且不受重力影响的笔，它通过压缩氮气将墨水推到纸上。这个故事还提到，俄罗斯人也面临同样的问题，只不过他们使用了铅笔来解决（De Bono, 1998）。遗憾的是，这个故事仅仅是一个现代传说，但其中的教训却概括了卢曼卡片盒笔记法的核心理念——专注于事情的根本，而不是把事情不必要地复杂化。

学术写作本身并不是一个需要各种复杂工具的复杂过程，但它却常常被不必要的干扰所阻碍。遗憾的是，长期以来大多数学生收集和接受了各种学习和记笔记技巧，比如：在重要句子下面画线（必要时用不同的颜色和形状），在文本的空白处写评论，做摘要，采用SQ3R[1]或SQ4R[2]等阅读方法，写日记，进行主题头脑风暴，或按照复杂的步骤清单进行写作，还有可能借助于无数个学习和写作的应用软件和程序，这些技巧本身很少是特别复杂的，但人们在使用它们时通常都不考虑实际的工作流程，于是很快使事情变得一团糟。由于这些技巧之间没有真正的配合，用了这些技巧反而使工作变得极其复杂，导致什么事都很难完成。

假如你突然有了一个想法，并认为它可能与另一个想法有联系，当运用这些不同的技巧时，该怎么办呢？翻阅所有的书籍去找想要的那个画线句子？重读所有的读书日志和摘录？然后怎么办？写一条索引吗？你把它保存在哪里？这对建立新的联系有什么帮助吗？突然之间，每一个小步骤本身就变成了一个任务，却没有把整个项目向前推进多少。就这样增加一项功能强大的技术反而让事情变得更糟。

---

[1]　SQ3R是"浏览（Survey）、提问（Question）、阅读（Read）、复述（Recite）、复习（Review）"5个英文单词的首字母缩写。该概念是第二次世界大战期间由心理学教授弗朗西斯·罗宾逊（Francis Robinson）为美国陆军开发的阅读方法。（Robinson, 1978）。

[2]　SQ4R是"浏览（Survey）、提问（Question）、阅读（Read）、复述（Recite）、修订（Revise）、复习（Review）"6个英文单词的首字母缩写。它是一种阅读方法，但肯定又会很快被新一代阅读方法SQ5R（管它代表什么）取代。

这就是为什么引入卡片盒笔记法不是作为另一种技术，而是作为总体工作流程中的一个关键要素，没有分散任何重要的工作。好的工具并不是在我们已有的工具基础上增加功能和更多的选择，而是帮助我们减少对主要工作的干扰，这里的主要工作就是思考。卢曼的卡片盒笔记系统提供了一个外置工作台，可以让我们在其中进行思考，帮助我们的大脑完成那些不太擅长的工作——存储大部分客观信息。

总之，我们所需要的就是一个不受干扰而可以专心思考的大脑和一个可靠的笔记系统，其他都是多余的。

工具箱

我们阅读和书写时，需要四种工具。

· 书写工具（纸和笔亦可）。
· 文献管理工具（如 Zotero，Citavi，或者其他最适合的软件工具）。
· 卡片盒（纸质或者应用程序形式）。
· 编辑工具（Word，LaTex，或者其他最适合的工具）。

这些工具多了没用，少了则不能顺利完成工作。

首先是可以用来书写的东西。无论何时何地,想法会突然出现在你的脑海中,这时候你需要一些东西来记录这些想法。你用什么都可以,但必须是在记录时不用多想、不会分散注意力,不会太麻烦。笔记本、餐巾纸、手机或平板电脑上的一个应用软件都可以。这些笔记并不是要永久保存,它们很快就会被删除或扔掉,它只是用来启发思路,并不是为了记录思想本身,记录思想需要时间来组织适当的句子并核查事实。我建议你随时带着笔和纸,就简单性而言,很少有东西能胜过它们。如果你使用其他工具,必须确保最后把所有的东西都集中放在一个地方,比如一个收集箱或类似的东西,最好能在一天之内快速处理这些记录。

其次是文献管理系统。使用文献管理系统有两个目的:收集参考文献和你在阅读过程中做的笔记。我强烈建议使用像 Zotero 这样的免费软件,它可以让你通过浏览器插件或只需输入国际标准书号(ISBN)或数字对象标识符(DOI)就可以自动生成新的记录。Zotero 软件还可以植入到 Microsoft Word、OpenOffice、LibreOffice 和 NeoOffice 等软件中,这样你不必输入参考文献就可以插入引文。这不仅让事情变得更简单,也避免了添加、编辑或删除多余的参考资料时把资料弄乱。你还可以轻松地修改格式以符合你的导师或你打算投稿的期刊所要求的标准。你可以为每个条目自动生成笔记，但如果你喜欢在这个阶段手写笔记，并将其链接到参考文献，也是可以的。在这种情况下，你只要给笔记写上标准化的标题，比如"AuthorYear"，并将它们按字母顺序放在一个地方即可。你可以在 Zotero 网站免费下载 Zotero 软件，takesmartnote 网站上有所有推荐软件的链接。如果你喜欢或已经在使用其他同样简单的软件，就没有必要再改用别的。

再次是卡片盒。有些人喜欢用传统的纸质卡片和木制卡片盒，这没问题，反正电脑只能加快工作中相对较小的一部分，比如添加链接和编辑资料格式，并不能加快工作中的主要部分——思考、阅读和理解。你所需要的只是和明信片差不多大小的纸片（卢曼用的是 A6 大小的卡片）和一个存放它们的盒子。尽管手写有明显的好处，我还是推荐使用数字版的应用程序，至少携带方便。虽然你可以用任何一款允许设置链接和标签的程序（比如印象笔记或维基程序）来模拟卢曼卡片盒，但是我强烈建议你使用像 Obsidian 或 RoamResearch 这类支持反向链接的笔记工具，又或者是专门为这类笔记系统设计的其他工具（如 Zettlr 或 ZKN3），并且我会在我的网站上更新推荐的应用程序清单。

最后是编辑器。如果你使用 Zotero 软件，我建议使用它所兼容的编辑器之一（MicrosoftWord, OpenOffice, LibreOffice 或 NeoOffice），有了它，你就不必一字字地手动输入每一条参考资料，这会让你的生活变得轻松很多。单单依靠编辑器当然无法改进一个论点，但除此以外，堪称完美。

如果你的笔和纸、编辑器、卡片盒和文献管理系统都已准备妥当，你就可以开始阅读和写作了。

关于写作，你需要注意的几个问题

准备好写作工具所花费的时间应该不会超过 5~10 分钟，但具备合适的工具只是卢曼卡片盒笔记法的一部分。许多人容易被工具的简单性所欺骗，在没有真正了解如何正确使用工具的情况下就想"试一试"，结果自然是令人失望。工具的好坏取决于你运用它们的能力，正如每个人都知道如何使用长笛（根据你演奏的音符把手指按在孔上，然后从一端吹气），但没有人能只试一次，就根据他们所听到的声音来判断乐器的好坏[1]。

但是，对于像卡片盒笔记法这样的工具，我们有时会忘记使用方式和工具本身一样重要。如果我们不了解一个工具的使用方

---

[1]　可在网站上搜索"如何演奏长笛"（Monty Python）。

法就去使用它，那么即使是最好的工具也不会对我们有太大的帮助。例如，卡片盒很可能会被用于笔记归档，或者更糟糕，成为思想的坟场（Hollier, 2005）。遗憾的是，互联网上很多关于卢曼卡片笔记系统技巧的解释，都对卡片盒笔记法的功用产生了误解。但这种情况正在发生变化，比勒菲尔德大学的一个长期科研项目正在研究卢曼卡片盒笔记系统，他们的第一批研究成果已经让我们对卢曼实际如何使用卡片盒有了全面的了解，你可以在他们的网站上自行查找一些卢曼的笔记[2]。不久以后可以在互联网上看到完整的卢曼卡片笔记扫描版了，再加上关于学习、创造力和思维的最新心理学见解，我们也就能很好地理解为什么它能发挥作用了。不仅要知道它是如何工作的，或者如何使用它，而且还要知道它为什么有效，这才是至关重要的。只有这样，你才能根据自己的需要对它进行调整，而这也正是我编写本书的目的：给你提供所需要的所有资源，使你能够用最好的技术、以尽可能好的方式工作。

我认为只要记住几个基本原则，并了解文档系统背后的逻辑，任何人都可以复制卢曼的方法，从而取得学习、写作和研究上的成功。

---

[2] 很遗憾，大部分都是德文，如比勒菲尔德大学网站。

卡片笔记写作法
How To Take Smart Notes

第二章　有效写作的四个基本原则

写作是唯一重要的事情

对于学生来说，写作主要是应试的需要。因此，书面作品体现的是学生过往的学习、理解和批判性分析其他文本的水平。通过写作，学生要论述他们所学的知识，展示他们的批判性思维能力和拓展思路的能力。从这个意义上，有一种观点认为，学生就是要为独立开展研究做准备。在这种观念下，写论文只不过是一种需要学习的技能。它被从其他学习任务中分离出来，被视为众多学习任务中的一项。学生不仅要学会写论文，还要了解事实，能够在研讨会上阐述自己的想法，也能听懂讲座。写论文被看作一项有始有终的任务，几乎所有关于学术写作的书籍都是从这个假设展开，通过一连串的步骤描述了一个理想化的过程。

按照那些指导书的建议，首先根据给定的写作任务找出一个要研究的主题或一个问题的某个角度，然后开始收集相关文献，阅读材料，处理材料，得出结论；紧接着就是写作，开篇先写出要回答的问题，然后对文献进行综述、讨论，最后得出结论。认为这样一来学生就能为独立研究做足准备了。唉，事实并非如此。即便在研究中取得了成功，也不是得益于这种写作方式。

本书其实基于另外一种假设：学习是一个独立的研究过程，学生并不能通过学习为研究做准备。如果做得好的话，学习本身就是做研究，因为学习是为了获得无法预知的洞见，并公之于众，在科研界交流分享。在学术界，没有所谓的私密知识。有了想法只有自己知道，就等于没想法，而无法重现的论据也根本算不上论据。如果想把一个研究成果公之于众，就需要把它写出来，供人们阅读，以此传播下去，否则这个成果没有任何意义。

学校则不同。学校认为老师就是为了让学生学习而存在的，所以通常不鼓励学生开辟他们自己的学习路径，也不鼓励学生质疑和探讨老师正在教授的一切，更不会鼓励学生为了产生有趣的见解而从一个话题跳到另一个话题。但是，正如柏林洪堡大学（the Humboldt University of Berlin）的创始人、著名探险家亚历山大·冯·洪堡（Alexander von Humboldt）的哥哥威廉·冯·洪堡（Wilhelm von Humboldt）所说，教授不是为了学生而存在的，学生也不是为了教授而存在的，两者都只为真理而存在，而真理永远属于公共事务。大学往往什么成果都希望发表文章或出版论著，其实写的文章不一定要被国际期刊录用才算公开，事实上，绝大多数写作和讨论的东西都不是通过这种方式发表的。评审过程本身就是向同行公开展示思想的一种形式，学生交给教授或讲师的作业之类的也是如此。甚至为了与同学讨论而散发的文字材料也属于公开的书面材料，因为在讨论中，作者的本意不再重要，重要的是书面内容。当作者可以离开现场的那一刻，这篇书面文件就成了对真理的公开见解。不管作者是谁，也不管出版商的地位如何，令人信服的论点都具有同样的标准——必须前后一致和基于事实。真理不属于任何人，它是对书面思想进行科学交流的成果。这就是为什么知识的呈现和生产不能分割，而是一个硬币的两面（Peters and Schäfer, 2006）。如果写作是探索性研究和一般性研究的媒介，并且除了做研究，不必学别的，那么就没有什么比写作更重要了。

虽然写作似乎是最重要的工作，但这并不意味着要花更多的时间写作而减少其他工作的投入。只有当我们把工作划分为不同的独立任务时，才会显得写作减少了我们花在其他任务上的时间。专注于写作，并不意味着要减少阅读量，因为它是写作材料的主要来源；专注于写作，并不意味着要少参加讲座或研讨会，因为它们不但能为你提供写作的思路和值得解答的问题，而且是了解研究现状的最佳途径之一，更不用说它为提出和讨论问题提供了平台；专注于写作也并不意味着要停止做演讲或寻找其他方式将自己的想法公之于众——没有什么比这更好的途径为你的想法提供反馈了。

专注于写作，好像其他的都不重要，并不意味着其他事情就敷衍了事，相反，它一定会让你做事有所不同。当你参加讲座、讨论或研讨会时，如果有明确、具体的目的，你就会更加投入、更有的放矢。你无须浪费时间去努力弄清楚"应该"学习什么。与之相反，你应该努力尽可能高效地去学习，从而迅速找到那个开放性的问题，也是唯一值得写作的问题。你很快就可以学会如何区分听起来好的论点和实际上好的论点，因为每当想把它们写下来，并把它们和以前的知识联系起来的时候，你就必须仔细思考论点。这也会改变阅读方式：当知道不可能把所有想法都写出来以后，你就会变得更加专注于与写作最相关的方面，并且以一种更专注的方式进行阅读，以便能够用自己的语言对其进行详细表述。这不仅会让阅读更细致，也使你更容易记住要点。此外，你还要思考所阅读的内容之外的观点，因为你需要将其转化为新的观点。带着写作这个明确目的去做每一件事，你就能把事情做得从容不迫。刻意练习是让我们更好地工作的唯一重要的方法（Anders Ericsson，2008）。如果你改变了对写作重要性的看法，你也会改变对其他事情的看法。即使你决定永远不会去写文稿，做事时把写作当作最重要的事情也会提高你在阅读、思考和其他方面的技能。

简洁是最重要的

我们往往认为，大变革必须从一个同样大的想法开始。但实际上，越简单的想法往往具有越强大的效果（并且在一开始总被忽视）。下面用很简单的箱子举例。马尔科姆·麦克莱恩（Malcom McLean）是一家卡车运输公司的老板，也曾经是一名卡车司机，经常被堵在拥挤的沿海高速公路上。他只有一个简单的想法，就是如何规避拥堵的道路，但他没有预料到这个简单的想法会重塑全球政治格局，让一些国家崛起、另一些国家落后；让一些百年老字号没落、一些新的产业兴起。可以说，几乎没有人不受其影响。显然，我说的是海运集装箱，它本质上就是一个箱子。1956 年 4 月 26 日，麦克莱恩把"理想 X 号（Ideal X）"邮轮改装成可以装载 58 个集装箱的邮轮起航的时候，仅仅是因为这种直接装卸集装箱的分装方式比整船装卸货物的方式便捷，能免于在港口漫长的等待几天。他的目的当然不是要颠覆世界贸易格局，为亚洲成为下一个经济巨头铺平道路，他只是不想再被堵在路上了。

当时不仅没有人预见到这个简单的箱子带来的影响，其实大多数船东都认为把不同种类的产品装进同样大小的箱子里是相当不切实际的想法。有经验的装卸工人会为每一件货物配上最合适的包装，通过调整对货物的摆放和堆叠，能够优化船上的空间利用。为什么要用一个明显不太理想的代替方案呢？为什么有人要尝试把方形的箱子装进弧形的船体呢？而且船东认为也没有多少客户愿意完全按照集装箱刚好能装下的数量来发货。把集装箱装进轮船里，常常让客户不满意——集装箱不是半空，就是装满了不同客户的货物，这就意味着必须在每个港口拆开集装箱，按照不同的订单重新拣分货物。在有经验的托运人看来，这不但效率低下，而且集装箱本身也会出现问题：一旦集装箱被误卸并送上卡车，就得想办法把它们找回来重新运输——麦克莱恩就这样丢失了数百个集装箱，这是物流管理的噩梦。

顺便说一句，麦克莱恩并不是唯一想在船上使用集装箱的人。许多人做过尝试，但几乎所有人都在不久之后放弃了这个想法——不是因为他们太固执，不愿意接受一个伟大的想法，而是因为他们在这个想法上损失了太多的钱（Levinson, 2006）。这个想法很简单，但要高效地将其付诸实践却并非易事。

我们现在已经知道他们失败的原因：船东试图将集装箱融入他们的惯常工作方式中，却没有尝试改变基础设施和日常工作内容。他们想借用集装箱装船的便捷，但不愿放弃他们所习惯的作业方式。最初，这种想法很大程度上是因为他们认为旧的工作方式更有效率，因为只有最直接的影响是可见的。船东们看着一袋袋、一箱箱的货物，不明白为什么要把它们再装进另一个箱子里。当他们在港口卸下货物时，心里非常高兴，急于起航。他们不明白为什么要去找回集装箱；他们看着自己的船，也不知道如何把集装箱装进船里。麦克莱恩比别人更明白，重要的不是船东的观点，而是整个贸易的目的，即把货物从生产者那里带到最终目的地。只有将运输链的每一个环节——从包装到运送，从设计船舶到设计港口——都统一起来之后，集装箱的潜力才能够得到充分释放。

当优势显现后，二阶效应[1]就开始发挥作用，并进入一个自我强化的正反馈循环：能够处理集装箱的港口越多，需要建造的集装箱船就越多，集装箱船能够运输的货物种类将会不断增加，运输量也会越来越大，航运成本就越来越低，这也使得更大的集装箱船变得更加经济，进一步增加对港口设施的需求。这不仅是一种新的运输货物的方式，更是一种全新的运营方式。

---

[1] 每一个行动都有一个后果，每一个后果又有其自身的另一个后果。——译者注

同理，许多学生和学术作家在记笔记时，思维方式就好比早期的船东。当他们读到一个有趣的句子，就在下面画线；当他们想要评论时，就写到空白处；当他们有一个想法时，就写进笔记本；当他们觉得一篇文章足够重要，就努力摘抄。这些学生和学术作家处理想法和发现的方式简单直接，常常在不同的地方留下不同的笔记。由于一篇文章必须在笔记的基础上独立构思，所以当他们写作时，就十分依赖大脑来回忆大量笔记的出处和记录时间，因此会有很多人根据事先形成的想法努力回想笔记，以期组织文章材料。重写笔记，放进盒子，只在写作和思考过程中需要某句话或参考文献时才拿出来，这种组织笔记的方式经常被教导用于工作流程中，实际上并没有太大的意义。

传统的笔记系统中，主要问题是人们把某条笔记存放在了哪个主题下；而卢曼卡片盒笔记系统中，主要问题则是考虑想在哪个主题下再见到它。大多数学生都会按主题甚至按研讨会和学期来整理材料，这就像按日期和商店对购买的商品进行分类一样，比如当你找不到裤子的时候，也许可以从一起购买的漂白剂附近找到。

而卡片盒是学术界的集装箱，不必将不同的想法分开存放，所有内容都被标准化成相同的格式后存到同一个卡片盒中。不需要关注中间的步骤，也不需要试图把画线法、摘抄法或其他阅读技巧发展成一门学问，所有的努力只为一个目的：发表有价值的观点。与自上而下按主题组织的存储系统相比，卢曼卡片盒笔记系统最大的优势在于越积累越有价值，而不是越积累越乱、越令人困惑。如果按主题分类，就会面临两难，要么在一个主题中加入越来越多的笔记，这样只会使笔记越来越难以被找到；要么在其中加入越来越多的主题和子主题，而这只会把混乱的情况转移到另一个层面。相比之下，传统的笔记系统是为了找到你意图搜索的东西，让你的大脑疲于回忆，而卢曼卡片盒笔记系统则是为了给你呈现你已经忘记的想法，让你的大脑专注于思考。

卡片盒笔记系统虽然是自下而上组织起来的，无须面对主题太多或太少的权衡问题，但如果胡乱往里面添加笔记，它也会失去价值。只有当我们的目标是达到群聚效应的最佳点时，它才能发挥自身优势，而这个最佳点不仅取决于笔记的数量，还取决于笔记的质量和处理方式。

要达到群聚效应的最佳点，关键是要分清楚三类笔记。

1. 闪念笔记（Fleeting Notes）：这类笔记只是对收集信息起提醒作用，可以用任何一种方式来写，最后会在一两天内被扔进垃圾桶。

2. 永久笔记（Permanent Notes）：这种笔记以一种

永久可以理解的方式包含了必要的信息，并且永远不会被扔掉。它们总是以同样的方式存放在同一个地方，或者是在文献管理系统中，或者按出版标准写好放在卡片盒中。

3. 项目笔记（Project Notes）：它们只与某一特定项目有关，保存在特定项目的文件夹内，项目结束后即可丢弃或存档。

只有将这三类笔记分开保存，才有可能实现卡片盒笔记的群聚效应，而对这些类别的混淆也是人们写作或发表作品不多的主要原因之一。

很多勤奋的学生都会遵循"要像写科学杂志一样记笔记"的建议，这是一个典型的错误。我有一个朋友，为了不让任何偶然获得的想法、有趣的发现或偶遇的名言消失，就把所有的东西都写下来。他总是随身携带一本笔记本，经常在谈话中快速地做一些笔记。其优点是显而易见的：任何想法都不会丢失。不过缺点也很严重：由于他把每一条笔记都划分到"永久笔记"的范畴，导致优秀的笔记被其他或许只与特定项目有关、或许实际上不那么好的笔记淹没了，因此永远也无法实现群聚效应。其实，严格的时间顺序并不能帮助我们高效地找到、组合或重新排列这些想法。所以，我朋友有一整书柜写满了精彩想法的笔记本，却没能利用它们发表一篇文章，也就不足为奇了。

第二个典型的错误是只收集与特定项目有关的笔记。乍一看，这要合理得多。你决定要写什么，然后收集一切能帮助你实现它的资料。但缺点是你必须在每个项目完成之后重新开始，并切断其他有益的思路。这也意味着你在一个项目期间发现的、想到的或遇到的所有与项目无关的信息都将丢失。如果偶然发现一些感兴趣的内容时，试图通过为每一个可能有兴趣的项目新建一个文件夹来弱化上述影响，那么你很快就会累积大量的未完成项目。即使这本身并没有拖累你，但跟踪这些未完成项目也终将会拖垮你。如果没有一个永久性的想法库，你将无法发展任何长期而重大的想法，因为你要么把自己禁锢在了某个项目周期内，要么把自己禁锢在了有限的记忆容量里——卓越的想法需要的远不止这些。

第三个典型的错误当然是把所有的笔记都当作闪念笔记。通过陷入随之而来混乱的笔记中，或者是一遍遍地产生清理慢慢堆积的笔记的冲动，你很容易就能注意到这种方式的弊端。只收集未经处理的闪念笔记必然会导致混乱，即使是少量不清晰和不相关的笔记散落在你的办公桌上，你也会很快就想从头再来。

这三种类别的混乱有一个共同点，那就是记笔记的好处会随着你保存笔记数量的增加而减少，笔记记得越多，就越难找到恰当的那个，越难以自如地将相关的笔记整合到一起。而笔记系统原本应该是：你学习和收集的东西越多，你的笔记就会越有用，就会有越多的想法组合在一起，并激发新的想法，也就越能轻而易举地写出一篇精彩的文章。

所以，重要的是要反思这些不同类型笔记的目的。当你忙于其他事情的时候，闪念笔记可以快速捕获你的想法。当你在谈话、听讲座或者办事的时候，听到一些值得记录的事情，或者一个想法闪现在脑海中，而你又不想中断正在做的事，那么记闪念笔记是个不错的选择。这个方法也适用于阅读，如果你不想打断阅读的节奏，那么你可能会在句子下画线或在空白处写上简短的评论。不过，一定要明白，在句子下画线或在空白处写评论也只是做闪念笔记，对阐述文本的意义毫无作用。除非你及时完成进一步处理，不然这些闪念笔记很快就会变得毫无用处。如果你已经知道不会再去回顾它们，索性一开始就不要做闪念笔记，而是做一个适当的永久笔记。闪念笔记只有在你能在一两天内回顾它们，并将它们变成以后可以使用的适当的笔记时才有价值。如果你需要进一步来理解或捕捉一个想法，闪念笔记可能是有意义的，但它们不会在写作过程的后期阶段帮到你，因为当你阐述论点需要它们时，任何画线句子都不会主动出现在你的脑海中。这类笔记只是提醒你还有一个想法没来得及阐述。而永久笔记则是以另一种方式写出来的，让你即使已经忘记了当时所取材的上下文，仍然可以理解它们。

大多数想法都经不起时间的考验，而有的想法则可能成为一个重大项目的种子。遗憾的是，它们并不容易马上被区分开来。

这就是为什么把一个想法写下来的门槛必须尽可能低，但在一两天内对它们进行阐述同样至关重要。当你不再明白自己的意图，或者想法已经变得无关紧要时，就表明这个卡片太久没有得到处理了。第一种情况是你忘记了它应该提醒的内容；第二种情况是你忘记了赋予它意义的来龙去脉。

永久存放在卢曼卡片盒里的笔记只有文献笔记和永久笔记。前者可以非常简短，因为上下文很明显就是它们所指的文本。后者则需要写得更加谨慎和细致，因为它们需要一目了然。卢曼从不在他所读文本中的句子下画线，也不在空白处写评论。他所做的只是将文中引起他注意的观点在另一张纸上做简单的笔记。"我把书目细节记在卡片上，并在背面写上'第 x 页是这个，第 y 页是那个'，然后把它们放进文献卡片盒里——那里收集了我读过的所有书目"（Hagen, 1997）[1]。但在他把文献笔记存放起来之前，他会阅读当天记录下的东西，思考它与自己的思想的相关性，然后写在永久笔记卡片上，放入主卡片盒。这个卡片盒里的任何东西都不会被扔掉，有些笔记可能会消失在茫茫笔记海中，再也不会引起他的注意，而另一些笔记可能会成为各种想法思路的连接点，并在各种情境中经常出现。

虽然无法预知卡片盒将发展成怎样，但不必担心永久笔记的

---

[1]　除了已有英语译本出版物的德语文本，翻译都是作者 Sönke Ahrens 完成的。

命运。与闪念笔记不同，卡片盒里的每一张永久笔记都经过了足够精心的设计，为成为最终书面作品的一部分或激发灵感打下基础，但会出现在什么样的作品中则无法预先得知，因为它们的相关性取决于未来的思考和发展。永久笔记不只是思想或观点的备忘录，而是以书面形式包含实际思想或观点的文本，这是一个至关重要的区别。

正是由于格式的标准化，笔记才能够在一个地方建立起群聚效应。这也是促进思考和写作的关键，因为它消除了不同格式和存放位置带来的所有不必要的复杂性或选择难度。只有把每一张笔记都以同样的格式放在同一个地方后，才能把它们组合起来，进而汇编成新的东西，而不必为应该把它们放在哪里或贴什么标签的问题煞费苦心。

最后一种笔记，就是那些只与一个特定项目有关的项目笔记，和其他与该项目相关的笔记一起被保存在一个特定项目的文件夹里。这些笔记的保存格式就不重要了，因为在项目结束后，这些笔记最终都会被扔进垃圾箱——在某种意义上，将笔记进行存档和将其扔进垃圾箱差不多。

与项目有关的笔记可以是以下内容：

· 手稿中的评论；
· 与项目有关的文献收集；

· 大纲；

· 草稿片段；

· 备忘录；

· 待办事项；

· 当然还有草稿本身。

大部分 Zettelkasten 软件都支持创建特定的项目页面，在这些页面中，你不仅可以用它组织思路，构思文稿章节，还可以收集和整理这个特定项目的笔记。不用担心它们会干扰卢曼卡片盒本身。你甚至可以根据你的项目修改笔记，而不会影响卢曼卡片盒中的笔记。

这同样适用于文献管理系统。在 Zotero 软件中，你可以将文献收集在特定项目的文件夹中，而不需要将它们从文献管理系统中取出。这样使永久笔记与项目相关的笔记清晰地分开，并允许你在每个项目的范围内随意尝试和修改，而不影响实际的卡片盒。我建议为每个项目准备一个实体文件夹，将所有相关的手写笔记和打印稿从其他文件中分出来存放在一起。

当你在晚上合上当前项目的文件夹后，桌上除了笔和纸，没有留下任何东西，这表明你已经明确区分了闪念笔记、永久笔记和项目笔记。

没有人完全从零开始写作

"从一张白纸或者空白的屏幕开始写作,是一个彻头彻尾的误解。"(Nassehi,2015)

写作的过程其实被大大地误解了。如果你从书架上随便取下一本关于写作的学习指南或自助书,很可能在第一页就读到这样的内容:"为了使研究更有效率,你首先应该缩小关注面,同时明确研究解决什么问题。"[1] 我们总是把确定题目作为写作的第一步,之后才做其他的事情。就像指南中所说:"当你选择了适合自己的主题后,思考个人兴趣和任何可能需要的背景知

---

[1] 《学术写作指南》,英美研究专业,拜罗伊特大学。

识，然后评估资源的可获得性。"[1] 紧接着，你肯定会发现一个应该遵循的多步骤计划。无论是根据澳大利亚国立大学学术技能与学习中心建议的十二个步骤，还是根据威斯康星大学写作中心建议的八个步骤，大致的顺序都是一样的——选定写作主题，规划研究方案，开展研究，开始写作。有趣的是，这些路线图通常都会有一个让步，即这只是一个理想化的计划，而实际上很难顺利开展。千真万确，写作不可能符合线性规划。那么问题来了：既然这些关于写作计划的建议都不可行，为什么不根据实际情况制订行动方案呢？

要想拟定一个好的问题来写作，或者找到最佳的写作角度，就必须对某个主题进行一番思考。为了确定一个主题，必须围绕多个主题进行大量阅读。而什么要读，什么不要读，显然不是凭空决定的，而是基于人们对知识体系已有的理解。每一项知识性的努力都是从已有的观念开始的，然后在进一步的探究过程中转化，以此作为后续努力的起点。这基本上就是汉斯·格奥尔格·伽达默尔（Hans-Georg Gadamer）所说的解释学循环（Gadamer, 2004），即使大学里教授了解释学循环理论，但在教授写作时仍然好像我们可以凭空开始直线推进似的——好像好问题能够凭空出现，并且要等到阅读完相关文献研究才能开始写作。这些看似务实的建议，要么是误导你在正式写作

---

[1]　*Writing and Style Guide for University Papers and Assignments*，第一版，由 François-Pierre Gingras 编写（1998），社会科学学院政治学系，渥太华大学。

前就可以制订合理的写作计划，要么是让你在写作前认真思考的陈词滥调。真正长久并广泛适用的建议是，我们必须拿着笔阅读，把思想的发展过程落实到纸上，并建立一个不断增长的外部思想库。我们不会被不可靠的大脑盲目编造的计划所引导，而是被我们的兴趣、好奇心和直觉所引导，这种直觉是在阅读、思考、讨论、写作和发展思想等实质工作中形成的，这是一种不断增长的能力，并从外部反映出我们的知识和理解。

如果我们把注意力集中在感兴趣的事物上，并对自己的知识发展过程进行书面记录，题目、问题和论点就会自然而然地从材料中涌现出来。这不但意味着卡片盒里的材料触手可及，而我们也不必再从脑海中寥寥无几的想法中挤出论题，因此寻找论文或研究的主题也就变得更容易了。而且卡片盒中浮现出的每一个主题都自然而方便地链接着对应的材料。即使我们之前没能看到这些，只要我们查看一下卡片盒，看看在哪里建立了集群，就不仅可以看到已经研究过的题目，还可以看到将来可能会研究的题目：如此看来确实没有人是完全从零开始写作的。如果我们认真对待，并逐步完成相应的工作，就真的再也不用从零开始了。当然，那些坚信自己确实是从零开始的人，也并不是真的从零开始，因为他们写作所依靠的也只能是以前所学或所遇到的东西。但由于他们没有根据这一事实采取行动，即在以前的工作中没有及时写笔记，所以无法追溯思想的起源，导致既没有凑手的论据，也没有整理有序的素材，因此不得不要么从全新而不可靠的资料开始，要么无趣地溯源他们的想法。

正是因为很少有人真正懂得正确记笔记的方法，几乎所有的写作指南都建议从头脑风暴开始，这也不足为奇。如果你一直从未写过笔记，那大脑的确是唯一的求助之地。不过，大脑并不是一个优选：它既不客观，也不可靠，而这在学术或非虚构写作中是两个相当重要的方面。提倡以头脑风暴为出发点就更令人惊讶了，因为大多数想法并不是来自头脑风暴：你脑海中能用于头脑风暴的东西通常并非发源于此，相反，它们来自外部，来自于阅读、讨论和他人的意见，来自于与写作相关并通过写作得到提升的一切。这样看来，"写作前先想好要写什么"的建议，既来得太早，也来得太晚。太晚是因为当面对白纸或空白的屏幕时，已经错过了积累书面资源的机会；但相对于定好主题后再安排与内容相关的每一项重要工作，这又太早了。

如果某件事情出现在同一个时间点时，既显得太早，又显得太晚，就不可能通过重新安排顺序来解决，因为这样矛盾的线性安排本身就存在问题。做卡片盒笔记是打破线性顺序问题的前提。如果你认识到"写作不是一个线性过程，而是一个循环过程"，并以此来安排自己的工作流程，"如何找到一个主题来写"的问题就会变成"如何处理可写主题太多"的问题。找不到合适的主题来写，往往是因为我们过度依赖大脑，而大脑在这方面是有局限的，并不是像很多学习指南所说的那样是因为万事开头难。相反，如果你在写作中不断发展自己的想法，开放性的问题就会清晰可见，并给你提供许多可能的话题供你在写作中进一步阐述。

经过多年与学生的合作，我深信，这些学习指南试图将写作这样一个非线性的过程塞进线性框架里的行为，正是它们承诺要解决的问题和困难的主要来源。如果你在做研究、读书、了解某件事情之前就必须决定这件事的主题，你怎么可能不会感到困难？如果你手头根本没有任何东西可以用于写作，你怎么可能不为此感到焦虑？如果你发现自己盲目选择的研究课题卡住了，而又不得不在截止日期临近的时候坚持下去，谁又能指责你拖延？而如果学生们没有学过如何将经年累月的阅读、讨论和研究变成真正能用于写作的材料，怎能怪他们对写作作业感到力不从心呢？

这些学习指南忽略了写作任务之前的所有工作，就像财务顾问在讨论 65 岁老人如何为退休进行储蓄一样。因此，你最好不要抱太多期望（正如德国最畅销的学习指南之一所建议的：首先，降低你对质量和思想深度的期待）。[1]

而那些已经通过写作培养了思维的人，则可以把注意力放在自己当下感兴趣的事情上，只要做自己最想做的事情，就能积累大量的素材。这些素材会集中在他们经常回顾的问题上，从而

---

[1] 当然，它（这些学习指南）正在解决"对空白页的恐惧"（Kruse, 2005）。

不会太过偏离自己的兴趣。如果你第一次选择的主题不是那么有趣，你自然会转移目标，你的笔记也会重新聚焦到另一个主题上。也许你甚至会记下第一个主题无趣的原因，并将其转化为有价值的见解，然后公开发表。当最终决定要写什么的时候，你就已经做出了决定——其实你在这条路上的每一步都是在做决定，日复一日，逐渐完善。你不会担心找不到合适的主题，而是会把时间切实用在自己已有的兴趣上，去做那些为得出明智决定所必需的事，即阅读、思考和写作。通过这些工作，有趣的问题一定会自动出现。你可能不知道，也不必知道，自己的探索最终会到达哪里，但无论如何，不要勉强自己在某个预设的研究方向上产生洞见。这就最大限度地降低了你对自己曾经选择的主题失去兴趣的可能性，和不得不重新开始的风险。

尽管学术写作不是一个线性的过程，但这并不意味着你只能使用一种放任自流的方法。相反，一个清晰可靠的结构至关重要。

让工作推动你前进

你可能还记得化学课上学过的放热反应和吸热反应的区别。在吸热反应中，你需要不断地添加能量来维持这个过程。而放热反应一旦被触发，就会自行继续，甚至释放能量。工作的动力也是这样。有时候，我们会觉得工作正在消耗我们的能量，只有投入越来越多的能量才能前进。有时却恰恰相反，一旦我们进入工作状态，工作本身就好像获得了动力，拉着我们前进，有时甚至让我们充满活力。这就是我们所追求的动力。

一个好的工作流程很容易变成一个良性循环，积极的体验会激励我们轻松地接受下一个任务，而这又能让我们更好地完成工作，进而享受工作。但如果我们一直觉得自己被工作所困，就会变得没有动力，更容易拖延，少了一些积极的体验，而多了一些糟糕的体验，比如错过最后期限，甚至最终可能会陷入失败的恶性循环中（Fishbach, Eyal and Finkelstein, 2010）。

如果不能从长远考虑，建立积极反馈循环，任何试图用外部奖励（比如在完成一章后做一些喜欢做的事）哄骗自己去工作的尝试都只是短期的解决方案，非常脆弱。只有当工作本身就是激励时，驱动力和奖励才能可持续动态循环，从而推动整个任务前进（DePasque and Tricomi, 2015）。

杰出的健身激励教练米歇尔·西格（Michelle Segar）利用这种动力将那些屁股"长"在沙发里的人也变成了运动爱好者（Segar, 2015）。她专注于创造令人满意而且可重复的运动体验，将那些实际不喜欢运动但又知道自己必须要运动的人带入了可持续的健身状态。对她的客户而言，做什么并不重要——跑步、步行、团队运动、健身房锻炼或骑自行车上班都可以，唯一重要的是，他们发现了能给他们带来良好体验的运动方式，并且还想再次体验。而他们一旦找到了这个方式，就有足够的动力去尝试其他方式了，也就是进入了良性循环，运动不再需要意志力，因为他们已经在主观上愿意做这件事了。而如果想用运动后奖励自己在沙发上看电视来哄自己进行锻炼，那么用不了多久，他们就会直奔沙发，完全放弃锻炼。

反馈循环不仅对驱动力至关重要，也是所有学习过程中的关键因素。没有什么比体验到自己对所做之事非常擅长更能激励我们了，而唯一能提高我们做一件事的能力的就是及时而具体的反馈。寻求反馈，而不是回避反馈，是任何想要学习的人的第一美德，或者用心理学家卡罗尔·德韦克（Carol Dweck）更朴实的说法，就是成长。德韦克提出了令人信服的观点：长期成功的最可靠预测因素是拥有"成长型思维"。积极寻求并接受反馈，是长期成功（和幸福）的最重要因素之一，无论这些反馈是积极的还是消极的。反之，对个人成长最大的阻碍是抱有"固定型思维"。那些因为觉得反馈可能会损害他们所珍视的积极的自我形象而害怕和回避反馈的人，尽管可能在短期内感觉良好，但很快还是会落后（Dweck, 2006; 2013）。因此，往往是那些获得大量表扬的优秀学生和学习天才，更有可能形成固定型思维模式而陷入困境。他们因自己是什么（天才）而受到赞美，而不是因为做了什么，所以他们就会倾向于保持这种印象，而不是让自己接受新的挑战，拥抱从失败中学习的可能性。拥抱成长的心态意味着要从变得更好中获得快乐（内在回报），而不是从接受赞美中获得快乐（外在回报）。选择前者的人常常着眼于最需要改进的地方，而选择后者的人常常固守在舒适区内。尽可能多地寻求学习的机会，是最可靠的长期成长策略。如果成长和成功还不能让一个人受到充分激励，那么他也许是害怕失败，即失败恐惧症。

拥有成长的心态是至关重要的，但这只是一方面。同样重要的是，建立一个学习系统，以实际的方式实现反馈循环。如果你每隔几个月才能得到一次对已完成工作的反馈，这样的反馈并没有多大帮助。线性模式指导下的学术写作反馈机会很少，甚至这些反馈机会通常也会随着时间的推移而被分散掉（Fritzsche, Young und Hickson, 2003）。如果你为论文选定一个主题，并按照线性模式工作，那么只有经过多个阶段的研究之后，你才能知道之前的选择是否明智。同样的道理也适用于其他问题，比如你是否理解了阅读过的内容，或者你的论点、想法是否有意义等。

另一方面，遵循循环方法可以让你实现许多反馈循环，进而让你在工作的过程中有机会改进你的工作，这样不仅可以增加学习的机会，而且能够纠正难免会出现的错误。相比于最后提供一次大规模的反馈，反馈循环的模式中每次提供的反馈要小得多，所以更容易让人接受。

比如，拿着笔阅读，就会迫使我们去思考读到的内容，检查自己的理解。如果我们不用自己的话重写一遍，往往就会误以为自己已经理解了所读到的东西，因此写作是检验我们是否理解所读内容的最简单方法。在阅读时随时记录，不仅能更好地感知到自己的理解能力，还能提高自己清晰简明地表达的能力——这反过来又能帮助我们更快地抓住想法。如果一时自欺欺人地写下一些难以理解的文字，那么在下一步将自己的文献笔记变成永久笔记，并与其他笔记联系起来的时候，就会遇到障碍。

用自己的语言去表达所理解的内容是每一个写作者应当具备的

基本能力，并且只有借助这个过程意识到自己不理解的内容，我们才能变得在这方面更擅长，做笔记也就变得更快更容易，并进一步增加学习经验。这个过程同时可以培养区分文本中哪些重要、哪些不太重要的关键能力：我们在这方面的能力越强，阅读效率越高，能读的就越多，学到的也就更多。这就会进入一个良好的能力循环，令人不由自主地感到动力十足。

写永久笔记也是一样，它还内置了另一个反馈循环：用文字表达自己的想法，会让我们思考自己是否真的想清楚了。当我们试图将其与之前写的笔记联系起来时，很容易发现矛盾、不一致或重复的地方。虽然这些内置的反馈循环并不能取代同行或上级的反馈，但唯独这些反馈是随时可用的，可以帮助我们每天都有少许、多次的进步。而最好的一点是在我们学习和进步的同时，我们的笔记卡片盒也会变得更丰富。它也在成长，在进步。并且它越是成长，就越是有用，就越容易建立新的联系。

卡片盒笔记不是简单的笔记集合。使用卡片盒，与其说是为了提取具体的笔记，不如说是为了指向相关的论据，并通过让思想交融而产生洞见。它的可用性随着其规模的增长而增长，而且是指数增长，不是线性增长。卡片盒中包含的内在联系将不仅提供孤立的事实，还会为我们提供一系列成熟的思想。

此外，由于其内部的复杂性，在卡片盒中进行提取笔记时，我们会找到不期而遇的相关笔记。这是一个非常显著的区别，并且随着时间的推移越来越明显。它包含的内容越多，能够提供的联系也就越多，也就越容易以一种智慧的方式增加新的条目，并得到有用的联想。

我们的大脑在相互联系方面的工作方式并没有什么不同。心理学家曾经认为大脑是一个有限的存储空间，慢慢地就会被填满，使后期的学习越来越困难。

但今天我们知道，由于新的信息可以和旧的信息对接，所以我们已经拥有的信息越是互联互通，学习起来就越容易。没错，我们学习孤立知识的能力确实有限，而且很可能会随着年龄的增长而降低。但是，如果知识既不是被孤立地保存，也不是被孤立地学习，而是聚集在一个思想网络中，或者说是"思维模型的网格"中（Munger, 1994 ），那么理解新的信息就变得更容易了。这不仅使学习和记忆变得更容易，而且使提取信息及其可用之处变得更容易了。

由于我们是所有笔记的作者，所以我们的学习与笔记卡片盒步调一致，这是与使用像维基百科这样的百科全书的另一大区别。

我们使用像卡片盒笔记系统一样的思维模型、理论和术语在大脑中组织思想。卡片盒产生了大量的可能性，从而带来惊喜，激发产生新的想法，并进一步发展我们的理论。而让我们的工作变得如此富有成效的因素，并非是孤立的卡片盒或我们的大脑本身，而是两者之间的动态关系。

卡片笔记写作法
How To Take Smart Notes

第三章　　**成功写作的六个步骤**

明确区分独立而又相关联的任务

全神贯注于每一项任务

根据一项引用量很大的研究，频繁出现的电子邮件和短信所造成的不断干扰，会使我们的工作效率降低 40%，并使我们的智商至少降低 10%。尽管这项研究从未正式发表过，并且没有对何谓"智力"进行过任何说明，也没有统计学意义，但它似乎确实证实了大多数人的看法，即我们可能存在注意力缺陷的问题。这个问题可能不会从内容上表现出来，但仅仅是"电子邮件比大麻更能伤害智商"（CNN）这样一个误解的迅速传播就足以说明问题了。关于这一点，也有真实的研究，比如我们知道看电视会削弱儿童的注意力（Swing et al., 2010）。我们还知道在过去的几十年里，美国电视新闻中政治板块的平均播报长度一直在稳步下降（Fehrmann, 2011）。在 1968 年的美国总统大选期间，平均声音片段（候选人不间断演讲的所有镜头）超过 40 秒，但在 80 年代末（Hallin, 1994）已降至不到 10 秒，2000 年甚至降至 7.8 秒（Lichter, 2001），而这一下降趋势在过去的历次选举中依旧没有改变。究竟是媒体适应了我们不断减少的注意力，还是媒体造成了这种现象，还不好判断，[1]但是无论如何，很明显，我们正被越来越多的干扰因素包围着，并且提升注意力的机会也更少了。

不要一心多用

如果需要完成多件事情，人们往往倾向于同时处理多项任务。许多人还声称自己相当擅长这一点。对于一些人来说，这是应对当今信息过载的最重要技能之一。人们普遍认为，年轻人更擅长多任务处理，甚至认为这对他们来说是必须具备的能力，因为他们是在追求关注度的新媒体中成长起来的。某项研究显示，那些声称经常同时处理多项任务的人表示自己在这方面做

---

[1] Ryfe 和 Kemmelmeier 不仅表明这种现象可以追溯到过去，而且最早出现在报纸上（政治人物的引言在 1892—1968 年之间几乎减半），还提出了一个问题，即是否可以将这种现象视为媒体专业化程度提高的一种形式，因为媒体只让政客们按照媒体的意愿说话（Ryfe and Kemmelmeier, 2011）。Craig Fehrman 也指出了对这项细微研究的欢迎中蕴含的讽刺意味——它本身已沦为媒体的口头禅（Fehrman, 2011）。

得很好，并且认为自己的工作效率不但没有因此降低，反而有所提高，但他们通常不会用对照组实测自己的工作效率是否真的有所提高。

心理学家采访了一些进行多任务处理的人，并对他们进行了测试：心理学家给他们分配了多项任务，并将他们的测试结果与另一组一次只做一件事的人进行比较。结果很明确：虽然那些进行多任务处理的人感觉自己更有效率，但实际上他们的效率却低了很多（Wang and Tchernev, 2012; Rosen, 2008; Ophir, Nass and Wagner, 2009），而且在数量和质量方面的表现都明显落后于一次只做一件事的人。

在某些场合，同时处理多项任务的弊端显而易见，比如开车时发短信。但是这些研究中最有趣的不是一心多用会降低人们的生产力和工作质量，而是这个行为本身也会越发降低人们处理多项任务的能力。

这个结果令人惊讶，因为我们通常认为做得越多，就能做得越好。但细细想来，也是有道理的。同时处理多项任务并不像我们想象的那样，它不是将注意力同时集中在多件事上，并且也没有人能够做到这一点。当我们认为自己在同时处理多项任务时，我们真正做的其实是在两件甚至多件事情之间快速转移注意力，每一次转移注意力都会消耗我们的转移能力，并会延长我们再次集中注意力所需要的时间。总的来说，一心多用会让人疲惫不堪，也会降低我们处理多项任务的能力。

事实上，人们之所以认为他们可以在多任务处理方面做得更好，并认为这样可以提高生产力，原因不外乎两个：一是缺乏对比，或缺乏可以提供客观数据的外部测量；二是心理学家所说的"曝光效应"，即做某件事的次数多了，人们就会相信自己已经很擅长做这件事，而不考虑实际表现（Bornstein, 1989）。遗憾的是，我们倾向于将熟悉程度与技能混为一谈。

说这些当然不是单纯为了劝你不要在开车的时候写论文或写书。写作过程包括许多不同的任务，如果我们不能有意识地切实将这些任务分开，就很容易一心多用，而这确实会对我们的工作方式产生很大的影响。

写论文不仅仅是在键盘上打字，它还包括阅读、理解、思索、产生想法、建立联系、区分术语、寻找合适的词语、结构化、组织、编辑、修正和重写等。这些不仅仅是任务的不同，它们需要投入的注意力也各不相同。我们不能同时关注多件事情，更不能同时给予多件事情不同的注意力。

通常，当我们考虑注意力时，只会想到集中注意力——这需要意志力来维持，这也是过去大多数心理学家、哲学家和神经科学家在谈论注意力时的观点（Bruya, 2010）。今天，研究区分了多种形式的注意力。自从 20 世纪 70 年代米哈里·契克森米哈赖（Mihaly Csikszentmihalyi）描述了"心流"状态——一种毫不费力就能高度集中注意力的状态（Csikszentmihalyi, 1975）[1]，不需要过多依赖意志力和努力的其他形式的注意力也吸引了研究人员的兴趣。

谈到集中注意力，有时我们对一件事的注意力只能维持几秒钟。人们能够集中注意力的最长持续时间似乎并没有随着时间的推移而改变（Doyle and Zakrajsek, 2013）。集中注意力不同于"持续注意"，后者指的是我们需要在较长的时间内保持对一项任务的关注，这也是学习、理解或完成某件事情所必需的。集中的注意力必然会受到持续增长的外界干扰的影响，并且随着时间的推移，我们练习专注力的机会越来越少，人们注意力的平均持续时间似乎也大大缩减了。

好消息是，如果我们能避免同时处理多项任务，尽可能将不同类型的任务分开，使它们不会相互干扰，并排除可能的其他干扰，我们就能训练自己在更长时间内专注于一件事的能力。这不仅要拥有正确的心态，还要学会组织工作流程。如果工作缺乏结构性，那么要想长时间保持专注就会更困难。卢曼卡片盒

---

[1] 尽管 Csikszentmihalyi 的心流概念已成为日常用语的一部分，但从未被全面研究过。20 世纪 60 年代，苏联的一些研究集中在"后自愿注意"（Postvoluntary attention）上，这基本上是指同一件事——既不是自愿的也不是非自愿的、不必耗费意志力的注意力。但是几乎所有的研究结果都是俄文，因此从未进入心理学的国际讨论（Bruya, 2010; Dobrynin, 1966）。

笔记法不仅能提供清晰的工作结构，同时由于我们可以在合理的时间内一项接一项地完成任务，因此也使得我们能够有意识地转移注意力。再加上写作活动贯穿始终，而写作本身就需要专注力，因此，卡片盒笔记法可以成为我们浮躁心灵的避风港，让我们更加专注。

不同的任务需要不同的关注度

我们仔细观察就会发现，"写作"所包含的任务有很明显的区别，这些任务所需要的注意力种类也不同。

比如，"校对"显然是写作过程的一部分，但所需要的心态与字斟句酌截然不同。在校对稿件时，需要扮演的是一个批评家的角色，需要退后一步，以读者的眼光冷静看待文本；会检查文本中的错别字，尽可能修复漏洞，检查结构；会刻意与文本拉开距离，去看文字实际表达的意思，而不仅仅体现脑子里想象的意思；我们会努力忘掉想要表达的内容，以期能够清楚地观察到底写的是什么。

尽管扮演批评家的角色不等于做一个公正的读者，但它足以让我们发现之前所忽略的大部分内容，比如论证中的漏洞，以及由于不需要向自己解释而略去的部分。要想在批评家和作者的角色之间进行转换，就需要将两项任务明确分开，而随着经验的积累，这会变得更加容易。如果我们在校对稿件时没有做到与作为作者的自己保持足够的距离，就只能看到自己的想法，而不是文本实际表达的意思。我和学生讨论的时候常常会出现这种情况：当我指出论点中的问题，定义不清的术语，或者只是一段模棱两可的文字时，学生通常会先参考自己的理解，只有当他们真正意识到自己的理解与事实完全不相干的时候，才会把注意力转移到他们所写的东西上。

与独立批评家的角色不同，如果我们一边写作，一边进行自我批评，并不会有多大用处。在写作阶段，我们必须把注意力集中在自己的思想上。如果每遇到一句话不完美就过早地反复修正，就永远写不出任何东西。我们需要先把想法写在纸上，然后在真实可见的纸上进行修改。尤其是复杂的想法，单单在脑子里很难变成流畅的文字。如果我们过早地试图取悦挑剔的读者，写作就会陷入停滞。我们常常把那些总是试图把文字写得像印刷品一样写字极慢的作家称为完美主义者。尽管这听起来像是对极度专业的赞美，但事实并非如此：一个真正的专业人士会等到校对的时候才开始扮演批评家的角色，这样他就可以一次只专注于做一件事。而校对则需要重点关注写作时用什么词表达更准确，因而校对需要的是更专注的注意力，而写作过程中寻找合适的词语则需要更多的漂浮注意力。

如果我们不用同时考虑文章的结构，就更容易集中精力琢磨正确的词语。这就是我们为什么应该把稿件的大纲打印出来，一直放在眼前的原因。我们必须搞清楚眼下哪些内容不必写，因为知道这些内容要写在其他章节里。

概括或修改提纲也是一项截然不同的任务，它要求我们关注另外一些东西，即整个论点，而不是其中一个想法。不过重要的是，我们不能把提纲理解为写作的准备工作，甚至不能理解为计划——它应当是我们在整个写作过程中需要经常回头处理的一项独立任务。我们始终都需要关注文章的结构，但随着自下而上的工作，它必然会经常发生变化，而每当我们需要更新文章结构的时候，都需要退一步，从大局出发，对其进行合适的修改。

整合与发展思路的任务，也不同于拟稿、校对和提纲。用卡片盒笔记法开展工作意味着要处理各种想法，寻找它们之间有趣的联系和对比；意味着建立想法的集群，将它们与其他集群结合起来，并为一个项目整理笔记的顺序；我们需要用笔记来拼图，找到最佳的结合点。与其他任务相比，整合与发展思路的任务更具有联想性、游戏性和创造性，需要的注意力也截然不同。

当然，阅读需要的注意力也与上述各任务不同。阅读本身就可以根据文本的不同来分配完全不同的注意力：有些内容需要慢慢地、仔细地阅读，而有些只值得略读。如果坚持用同样的方法阅读每篇文章，那就太荒谬了，但是许多学习指南或速读课程还在教导我们这样做。专业地阅读，不是指掌握一种方法，并将其应用于一切情况，而是根据不同的文本灵活地调整阅读的速度和方法。

简而言之，学术写作需要各种类型的注意力。为了掌握写作的艺术，我们必须能够随时采用适合的注意力和关注点。

心理学家过去常常只将科学工作与集中注意力联系在一起，而更多的漂浮注意力则只跟创造性工作联系在一起，比如艺术。现在我们知道，艺术和科学都需要"集中的注意力"与"漂浮的注意力"，大多数杰出的科学家也都具备切换不同注意力的能力。奥辛·瓦塔尼安（Oshin Vartanian）比较和分析了诺贝尔奖获得者和其他杰出科学家的日常工作流程，得出的结论是，他们与普通人的区别不是不懈的关注，而是灵活的关注。"具体来说，杰出科学家解决问题的行为可以在'对特定概念的超常专注程度'和'对想法的有趣探索'之间交替进行。这表明，要想成功解决问题，可能需要根据任务和需求灵活地选择应对策略。"（Vartanian, 2009）

这些研究有助于解决困扰心理学家在研究创造力方面的难题。"一方面，那些心不在焉、注意力不集中、头脑像孩子一样的人似乎是最有创造力的；另一方面，似乎分析和应用才是最重要的。真正的答案是有创造力的人需要以上两种能力，创造力的关键是能够在开放、活泼的思维和传统的分析框架之间灵活

地切换。"（Dean, 2013）

不过，心理学家恰恰没有讨论最能让我们变得灵活的外部条件。上一刻非常专注，下一刻又以玩乐的心态探索想法，这种思维灵活性只是创造力表现的一方面。为了保持灵活性，我们需要一个灵活的工作结构，不会在每次偏离预定计划时就崩溃。打个比方，反应敏捷的人可以成为一名优秀的司机，他能根据不同的街道和天气条件灵活地调整驾驶。但如果他被常规困住，这些能力就都无济于事了。同理，如果被僵化的工作流程困住，那么即使深刻认识到在工作中保持灵活性的重要，也无济于事。

遗憾的是，人们组织写作最常见的方式仍然是制订计划。虽然所有的学习指南几乎都推荐制订计划，但这无异于把自己限制在既有轨道之上。

不要制订计划，要做专家。

做专家，不做计划制订者

"由于理性分析的推理过于缓慢，且强调规则、原则和通用的解决方案，单纯使用理性分析往往会阻碍人们进一步提高绩效。其次，全身心的投入、快速推进以及通过恰当的例子对具体案例进行深入了解，是成为真正高手的先决条件。"（Flyvbjerg, 2001）

我们停止制订计划之时，就是开始学习之时。根据具体情况在最重要和最有前景的任务之间灵活地选择和切换，变得擅于产生洞见和写出好文章——这需要通过练习来实现。这就好比我们把自行车的训练轮摘下来，开始正确地学骑自行车的时候一样。刚开始我们可能会觉得有点不安全，但很显然，如果我们不拆掉训练轮，就永远都学不会骑自行车。

同样，如果只知道遵循计划或线性安排的诸多步骤做事，就只能学会遵循计划或步骤，而学不会高效写作的艺术。学术写作是一个高度依赖认知和思考的过程，但人们误以为仅仅依靠有意识的决策就可以完成，这就是制订计划广受推崇的原因。如果真的想在学术写作方面取得进步，可以通过经验和刻意练习来掌握这门艺术。

专家之所以能够达到精湛的水平，依赖的是亲身经验。学术写作的高手们拥有一种后天习得的直觉，能够判断什么事对完成任务有帮助，而什么事只是干扰。没有一个通用的规则可以预先告诉人们在什么阶段应该做什么，因为每个新的项目都是不同的，在项目的不同阶段，最好的选择可能是阅读一些东西，回顾一段话，讨论一个想法，或者修改大纲。没有通用的规则能够让你预先判断出在哪个阶段沿哪个想法、矛盾或者脚注展开研究是没有意义的。

要想成为专家，我们需要自由地、独立地做出决定，还要经历能够帮助我们学习的必要错误。大多数学习指南和学术写作老师都竭力地告诉你写什么、什么时候写、怎么写，但这会让你与学术写作的真谛（产生洞见并表达出来）渐行渐远。就像骑自行车一样，只有在实践中才能学会如何去做。

在一项实验中，有经验的医护人员和刚完成培训的医护人员分别完成心肺复苏任务，并邀请了初学者、专业医护人员和他们的老师观看视频（Flyvbjerg, 2001）。[1]

正如你所料，有经验的医护人员几乎在所有情况下都能正确区分出哪些人是有经验的（正确率约90%），而初学者或多或少只能靠猜测（正确率约50%），这还算不错。但是，当老师们观看视频时，经常将刚接受过培训的医护人员误认为是有经验的，将有经验的医护人员误认为是刚接受过培训的——他们在大多数情况下都判断错误，正确率仅有33%。

所以，如果你万一需要做心肺复苏，而且你还能选择施救者，

---

[1] Flyvbjerg 在描述这个实验和例子时，不仅参考了 Dreyfus 兄弟的书，还参考了与他们的广泛对话。因此，我坚持引用 Flyvbjerg 2001 中的描述。

那么千万不要选择医护人员的老师。

研究专业技能的德雷福斯兄弟胡贝特和斯图尔特对这种现象有一个简单的解释：教师们容易把遵循规则的能力误当作在真实情况下做出正确选择的能力。与专家型医护人员不同的是，他们并没有审视独特的环境，也没有检查视频中的医护人员是否根据具体情况做了最正确的事情。相反，他们重点考虑的是，视频中的人所做的是否符合他们所教的规则。

新手由于缺乏经验，只能遵守老师教给他们的规则，这也让老师们很高兴。根据德雷福斯的模型理论[1]，正确运用学习到的规则，可以使你成为一个称职的"胜任者"（位于5层级模型中的第3层级），但它不会使你成为"精通者"（第4层级），当然也不会使你变成"专家"（第5层级）。

而专家已经内化了必要的知识，所以他们不需要主动记住规则，也不需要有意识地思考自己的选择。他们已经对各种情况积累了足够的经验，因此能够依靠自己的直觉判断在某种情况下应该怎么做。他们在复杂情境中的决策显然不是通过长时间的理性分析做出的，而是来自直觉（Gigerenzer, 2008a, 2008b）。

---

[1] 即德雷福斯技能获取模型，在这个模型中，他们描述了从新手到专家所经历的五个阶段：新手—高级新手—胜任者—精通者—专家。——编者注

这里所说的直觉不是指某种神秘的力量，而是一种融入了过去的经验，通过无数次成功或失败的反馈循环，深入学习、反复实践的沉淀。[2] 即使是像科学这样的分析性的理性工作，如果没有专业知识、直觉和经验，也难以进行——这是实验室中对自然科学家进行实证研究最有趣的结果之一（Rheinberger，1997）。国际象棋高级棋手似乎比初级棋手思考得更少，因为高级棋手看到的是化解为固定模式的棋谱，并通过过去的经验指导自己，而非试图推演很多步以后的结果。

就像在专业的国际象棋比赛一样，人们只有通过系统性的反馈循环积累经验，才能获得专业的学术和非虚构写作的直觉，这意味着成功的学术写作在很大程度上取决于其实践层面。围绕卡片盒展开的工作流程，并不是要告诉你在写作的什么阶段应该做什么。恰恰相反，它为你提供了一个清晰而可分离的任务结构，这些任务可以在合理的时间内完成，并通过相互关联的写作任务提供即时反馈。通过给你刻意练习的机会，让你取得进步。经验积累得越多，你就越能依靠直觉判断出下一步该怎么做。它不像典型学习指南的标题所承诺的那样，会带给你"从新手到专家的写作策略"，而是让你通过获得正确且直观地判断情况的技能和经验而成长为行家里手，不再受那些学习指南的误导。傅以斌（Bent Flyvbjerg）毫不含糊地写道：真正的专家不做计划（Flyvbjerg, 2001）。

2　甚至对于高度专业的外科医生也是如此（Gawande, 2002）。

写下来为大脑减负

除了注意力资源极其有限，我们的短期记忆容量也是有限的。因此，我们需要制订策略，将可以存储到外部系统中的想法从短时记忆中转移出去。虽然我们对人类长期记忆能力的估计并不一致，而且颇具猜测成分，但心理学家过去在谈到短期记忆容量时的看法是一致的：我们最多可以同时在脑海中保存 7±2 件事（Miller，1956）。

信息不能像保存在硬盘里的文件一样保存在短期记忆中，相反，信息会在我们的脑海中游荡，寻求我们的注意，并占据宝贵的大脑资源，直到被遗忘、被更重要的东西取代，或者被转移到长期记忆中。当我们试图记住一些东西时，比如说购物清单上的东西，我们只是在脑子里不断地重复这些东西，而不是把它们暂时储存在大脑的某个角落。如果是存储在大脑里的话，我们就可以在以后再想起它们，同时想到一些更有趣的东西。

记忆术是怎么回事呢？我们似乎可以通过运用记忆术来大大提高记忆容量，但是，当我们使用记忆术时，我们实际做的只是以按照某种意义将不同事项捆绑在一起，并记住这些捆绑的内容，但最多也只能记住 7 项左右（Levin and Levin，1990）。然而，最近研究发现早期测验中的参与者实际上已经使用了捆绑技术，如果这个发现是正确的，那么我们的有效记忆容量的最大值就不是 7±2，而更可能是只有 4 个（Cowan，2001）。

看一眼下面的数字序列，并试着马上记住它们：11，95，82，19，62，31，96，64，19，70，51，97，4。由于超过了 7 个数字，所以显然很难记住它们。但当你意识到这只是连续编号的 5 届世界杯的年份时，就很容易记住了。因此，你只需要记住规则和起始年份，就不用记住 7 个甚至更多的单独数字了。[1]

这就是为什么对于自己理解的东西比不理解的东西更容易记住。这不是要求必须选择把关注点放在学习上或是理解上，因为出于学习的目的而进行的记忆要点，也都需要被理解。我们所理解的事物都是有联系的，或是通过规则、理论、描述，或是通过纯逻辑、心理模型或解释。而卢曼卡片盒的目的就是专门建立这类有意义的联系。

写作的每一步都伴随着如下问题：这个事实如何与我的某个想法相对应？这个现象如何用那个理论来解释？这两个观点是矛盾的还是相辅相成的？这个论点不是和那个论点类似吗？难道我以前没有听说过这个吗？尤其是像"X 对 Y 意味着什么？"这样的问题。而这些问题不仅能增强我们对问题的理解，还能促进学习。一旦某个想法或事实与其他事情产生了有意义的联系，当我们想起与之相关的东西时，也就很容易想起它。

---

[1] 序列 11，95，82，19，62，31，96，64，19，70，51，97，4 可以转化为 1.1958，2.1962，3.1966，4.1970，5.1974。

我们想尽可能长久地记住一些事情，而不想让无关的信息塞满我们的大脑。所以，我们组织日常信息的方式既会对长期记忆产生很大的影响，也会对短期记忆产生很大影响。

在此，我们要感谢心理学家布卢玛·蔡格尼克（Bluma Zeigarnik）的洞见和观察。据说，她和同事们一起去吃午饭，看到服务员不需要做任何记录，就能准确地记住谁点了什么菜，这件事给她留下了非常深刻的印象。但令她惊讶的是，当她返回餐厅拿她留在那里的外套时，几分钟前她还很崇拜的拥有超强记忆力的服务员却不认识她了。蔡格尼克对此很不解，服务员解释说，他们服务员都能够记住哪位顾客点了哪些饭菜，但在客人们离开餐厅的那一瞬间，他们就把这些全都忘掉，然后把注意力转移到下一拨顾客身上。

蔡格尼克成功发现了现在被称为"蔡格尼克效应"的现象，即未完成的任务往往会占据我们的短期记忆，直到它们被完成。这就是为什么我们的注意力很容易被未完成任务的想法所干扰，而不管这些想法的重要性如何。得益于蔡格尼克的后续研究，我们还知道，其实我们并不一定要完成任务才能说服我们的大脑停止思考它们，我们所要做的就是把想法写下来，让大脑相信它会在之后被妥善处理。至于任务是真的被完成了，还是通过记下笔记而推迟了，大脑并不会区分。通过记录所思所想，可以把想法从脑海中逐渐清除出去，这就是戴维·艾伦的"GTD"系统有效的原因。拥有"平静如水的大脑"的秘诀是把所有的琐事从我们的短期记忆中清除出去，既然不可能立刻一次性解决所有问题，那么唯一的办法就是借助一个可靠的外部系统，把所有关于烦人的待办事项想法都保存进去，并相信它们不会丢失。

使用卡片笔记法的工作方式就是如此。为了能够专注于手头的工作，我们必须确保其他未完成的任务不会占据我们的大脑而浪费宝贵的思维资源。

第一步是将"写作"这个不确定的任务分解成不同的可以一次性完成的小块任务。第二步是确保我们始终把思考的结果写下来，包括可能与进一步的探究之间存在联系的内容。随着记录每个任务的结果，它们之间可能存在的联系变得清晰可见，我们随时可以很容易地从断开的地方重新开始继续工作，而不必一直把它记在心里。[1] 后续任务可能是不确定的问题，或与其他笔记的联系，我们可以决定是否要进一步阐述；也可能是一条清晰的备忘，例如项目文件中的"回顾这一章并检查是否存在冗余"；或者是比较简单的事务，比如把收集箱中的笔记整理成永久笔记，包括处理笔记本上的速记和未划掉的笔记，以及将文献笔记整理到文献管理系统中。

---

[1] 处理好小事情的重要性怎么夸大也不为过。我们不仅容易被世俗的思想分散注意力，而且当我们不将其外化时，我们也会经常忘记一些小而重要的事情。这就是为什么清单对于任何重要事情都如此重要（Gawande, 2010）。

通过以上两步，我们不再需要记住还有什么事情没完成，也可以从上次停止的位置重新开始这项任务。这也正是在写作中思考的优势之一，即把事情外化。

反过来看，我们也可以利用蔡格尼克效应的优势，刻意在脑海中保留未完成的问题。即使在做与该问题无关的事情时，我们也可以在不需要全神贯注的情况下，对这些问题进行思考，让问题在脑海四处游走，却又不是全神贯注地去解决它，我们就有机会以一种不同于集中注意力的方式、往往也是灵光乍现的方式来处理问题。例如，当我们在散步、洗澡或打扫房间的时候，大脑会情不自禁地处理最近一件未解决的问题。这就是为什么常常能在心不在焉的情况下找到问题的答案。

了解了大脑工作的这个特点，就可以有办法在工作的时候，不会因为想去超市买什么东西而分心。而且我们还可能会在做其他事的时候，可能解决一个待解决的关键问题。

减少做决定

我们的大脑除了一次只能专注于一件事的注意力，和一次最多只能容纳七件事的短期记忆，第三种有限的资源就是驱动力或意志力。对此，工作流程的外界环境设计至关重要，为什么说用好卡片盒要远胜于任何周密的计划，这也就不足为奇了。

长期以来，意志力常常被视为一种性格特征，而不是一种资源。如今，这种情况已经发生了变化，意志力被比作肌肉，是一种消耗得快而恢复得慢的有限资源，通过训练能够在一定程度上得到改善，但需要时间和努力。这种现象通常被称为"自我损耗"："由于先前的意志力消耗，导致再进行其他需要耗费意志力资源的行为（包括控制环境、控制自我、做出选择和采取行动等行为）时，自我的能力和意愿出现的暂时降低。"（Baumeister et al., 1998）

关于自我损耗的研究中，一项最有趣的发现就是各种各样的事情都可能导致自我损耗。

> "我们的研究结果表明，一系列广泛的行为都在利用同一种资源，自我的控制、做出负责任的决策和积极的选择，似乎都会干扰此后的同类行为，这意味着自我的某种重要资源会被这种需要消耗意志力的行为耗尽。需要明确的是，我们假设这种资源通常会得到补充，尽管可能加速或延迟补充的因素以及这种资源的确切性质仍然是未知的。"（Baumeister et al., 1998）

即使是一些看似无关的事情，也会对自己产生显著的影响，比如我们受到了偏见的影响（Inzlicht, McKay and Aronson, 2006），因为"控制刻板印象的影响所依赖的有限资源也正是自我调节所需要的"（Govorun and Payne, 2006）。

处理这种限制时，最聪明的方法是"欺骗"。与其强迫自己去做一些不喜欢做的事情，不如想办法让我们感觉自己喜欢去做那些能够推动项目前进的事情。在不需要运用太多意志力的情况下完成需要完成的工作，这需要一种技巧，或者说是一种诡计。

尽管这些研究的结果目前还在接受严格的审查，我们还需要对其持保留态度（Carter and McCullough, 2014; Engber and Cauterucci, 2016; Job, Dweck and Walton, 2010），但可以肯定的是，一个可靠的、标准化的工作环境对我们的注意力、专注力和意志力的消耗都比较小。众所周知，决策是最令人疲惫和厌倦的工作之一，这也是为什么像比尔·盖茨这样的人只穿深蓝色或深灰色两种颜色的西装，因为这样可以让他们早上少做一个决定，把更多的决策力资源留给真正重要的事情。

在组织研究和写作的方式上，我们也可以大大减少需要做出的决定。虽然与内容相关的决定必须要做（如决定一篇文章中什么更重要、什么不重要，判断笔记之间的联系，设计文本的结构等），但大多数组织性决定可以通过选择一个工作系统而提前确定下来，并且是一劳永逸的。如果总是用同样的笔记本做闪念笔记；总是以同样的方式从文本中提取主要观点，并且总是将它们变成同样格式的永久笔记，就可以大大减少工作期间的决策数量。让我们有更多的心力去做更有用的任务，比如试着去处理待解决的问题。

能够及时完成一项任务并能在我们停下的地方继续开展工作，还有一个可喜的好处，就是有助于恢复注意力。因为我们可以放心休息，而不用担心自己会忘记之后从哪里重新开始。休息不仅有助于恢复精力，也对学习至关重要，休息可以让大脑处理信息并将其移入长期记忆，从而可以接受新信息（Doyle and Zakrajsek, 2013）。[1] 如果我们在工作间隙不给自己休息的机会，无论是出于时间急迫，还是害怕忘记自己正在做的事情的缘故，都会对我们的努力产生不利影响。散散步（Ratey, 2008），甚至打个盹儿[2]，都有助于学习和思考[3]。

---

[1] 虽然这不是一个新发现，但现在得到了神经科学家和实验心理学家的证实。（Doyle and Zakrajsek, 2013 ref. Tambini, A., Ketz, N., and Davachi, L., 2010）

[2] 神经科学家称之为长时程增强效应。（Bliss, Collingridge, and Morris, 2004）

[3] 大量证据证明睡眠有助于记忆。（for example Wagner et al., 2004）并且有助于解决问题（Wamsley et al., 2010）

阅读和理解

"我建议你在阅读时手里拿支笔，在小本子上记下你觉得常见的或可能有用的简短提示，因为这将是把这种痕迹印在你的记忆中的最好方法。"

——本杰明·富兰克林[1]

阅读时要手中有笔

要想写好论文，你只需要对一篇好的草稿加以修改；要想写出

---

[1] Franklin, 1840.

好草稿，你只需要把一系列的笔记变成连贯的文字；为了获得连贯的文字，你只需要重新整理卡片盒里已有的笔记；所以，你真正要做的就是在阅读的时候手里有一支笔。

如果你理解了你所读到的东西，并把它融入自己的思维系统，再做成笔记添加到卡片盒中，你就已经把别人的发现和思想转化为属于自己的新想法了。这包含了两个相辅相成的过程，一方面，你脑海中的理论、想法和思维模型使卡片盒中的笔记形成新的论点；另一方面，你读的内容又会促成你脑中的理论、想法和思维的发展。这些新的论点又会与卡片盒中已有的想法产生许多惊人的联系，进而改变和挑战你已有的想法。卡片盒的内容越丰富，你的思维就越丰富。它是一个想法的生成器，与你自己的智力同步发展。你们可以一起把以前分离的甚至是孤立的事实，变成大量相互联系的想法。

把卡片盒里的笔记变成最终文本的步骤非常简单。卡片盒里存放的已经是有意义且经过深思熟虑的内容，并且很多部分已经很好地排了序，因此只需要将这些笔记按顺序组织起来。每一条笔记在制作时都有其独立的意义，可以被单独理解，同时又由于被嵌入到一个或多个上下文语境中而具有更丰富的意义。我们在打草稿时，从卡片盒中取材并不是机械地复制，而是一种与所读笔记对话的过程，这和我们在阅读时拿笔记录一些东西的过程是一样的。因此，我们总会得到一些没有预料到的东西，总会收获惊喜。

我们从文本的具体语境中提取出来的是在特定语境中服务于特定目的、支持特定论点的观点，并不一定属于我们自己的理论体系，也不一定符合我们自身的语言习惯。要想将这些观点融入我们自己的思维体系，并放到卡片盒里，就必须用我们自己的话对其进行转述。所谓转述，并不是要随意改变原来的意思，使之适合我们，而是用不同的文字尽可能真实地表述原意。同样地，即使是复制引文而不改变其用词，其含义也会因为上下文的剥离而发生改变。这是初学者常常犯的错误，最终只能带来拼凑的想法，永远无法形成连贯的思路。

带有书目信息的文献笔记虽然存放在文献管理系统内，并与卡片盒分开，但它们仍然贴近原文，因此在写这些信息的时候也要参考卡片盒内的笔记思路。卢曼对这一步骤的描述如下："我手边总是有一张卡片，我在上面记下看过某些内容后的想法，在卡片的背面写下书目信息。看完书后，我就会翻阅我的笔记，并思考这些笔记与卡片盒里已经写好的笔记有什么关联。这意味着我在阅读时总是想着卡片盒中可能存在的联系。"（Luhmann et al., 1987 ）

文献笔记的内容应该有多广泛，其实取决于文本的特点和需要它的目的，还要看提炼信息的能力、文本的复杂程度和理解难度。文献笔记也是我们理解和把握文本的工具，如果文本比较难，就需要把文献笔记做得详尽一些；如果文本比较简单，只需要记下一些关键词就可以了。卢曼，当然他是比专家还卓越的专家，他的笔记既简短又有价值，同时又不改变原文意思[1]。卢曼能做得好，不是因为他是这方面的专家，而是因为他的大脑中有一个由思维模型或理论组成的庞大的格子结构，使他能够快速识别和描述主要的观点（Rickheit and Sichelschmidt, 1999）。每当我们探索一个新的、陌生的主题时，我们的笔记往往会比平常更多，不必为此而紧张，因为这是对理解能力的刻意练习，是一个不可或缺的环节。有时候，需要慢慢地去理解一篇难懂的文章，而有时候则可以把整本书的内容缩减为一句话。笔记的多与少和理解的快与慢并不是最重要的，重要的是这些笔记能够为下一步写永久笔记提供尽可能大的帮助。最有帮助的是反思所读文本的框架、理论背景、方法论或视角，这意味着要像反思文本的字面内容一样反思文本的深层含义。

大多数学生做文献笔记的方式则不是这样，他们做的笔记要么不够系统，要么过于系统。其实，大多数情况下，只是他们组织笔记的方式不对。很多同学经常被推荐使用如 SQ3R 或 SQ4R 的阅读技巧，然后他们就不管内容怎样，都采用相同的方式对待每一篇文本，而没有细想过该采用怎样的格式和组织方式记笔记更好，更没有想过以后如何处理这些笔记。而如果记笔记时没有明确的目的，就很难意识到它在一个大项目中的重要意义，就会感觉记笔记更像是一件苦差事。有时候，写长

---

[1]　具体案例参见比勒菲尔德大学网站。

篇摘抄的意图是好的，但这是不可持续的；有时候，只给句子画线，在空白处写评论，这几乎等于没有做笔记；而更多的时候，读书的同时并没有做笔记，对于写作而言，这几乎相当于根本没有读过这本书。在卡片盒系统中，一切都是为了在卡片盒中积累足够数量的有用笔记，这给我们的阅读和做文献笔记指明了清晰的方向。

文献笔记是为了最终写成卡片盒中的永久笔记，因此它只是一个过程，不必在这上面分散太多的注意力，而永久笔记才是真正增加卡片盒价值的地方。记文献笔记时，你可以使用任何技术，例如使用十种颜色的下画线和"SQ8R"技术，只要它们对理解阅读内容和获得有用笔记有帮助就行。但这些都只是你做永久笔记前的额外步骤，并不会直接增加卡片盒的价值。你需要把对文本的理解做成一定形式的文献笔记，这样在做永久笔记时才有具体的素材。但不要把记文献笔记本身变成一个大工程。文献笔记应当简短而有助于写永久笔记，除此以外，其他事情要么可以帮助达到这一目的，否则就是对注意力的分散。

你可以用 Zotero 软件记录文献笔记，这样笔记和书目细节能一起保存起来，不过你也可以手写记笔记。不同的研究表明，手写有助于理解。在一项有趣的小规模研究中，两位心理学家以听讲座的学生作为研究对象，探寻用手写记笔记与用电脑录入记笔记是否存在区别（Mueller and Oppenheimer,

2014）。他们发现，在对讲座内容的记忆数量上，两种方式并不存在区别；但在对讲座内容的理解水平上，手写笔记的方式要好很多，并且这种优势在一周之后仍然很明显。

这个现象解释起来很简单，并没有什么奥秘。因为手写的速度比较慢，学生不能记下所有的讲座内容，所以相比于细节他们更关注重点，而想要记下重点，就需要先理解它。因此，选择手写笔记的学生们必须思考听到或读到的内容，否则就无法掌握论点的深层原理、观点和逻辑，这也有助于将其转换成自己的语言。而使用电脑录入笔记的学生速度要快得多，对他们来说把讲座内容逐字录入并不难，这样的笔记仿佛绕过了大脑，直接从耳朵传到了手指，而这实际上也让他们绕过了对讲座内容的理解。

如果你决定手写记笔记，只需把笔记收集在一个地方，并按通常用的姓氏、年份的字母顺序进行整理。这样，你可以很容易地将它们与文献管理系统中的书目细节相对应。但无论你是否手写，都要记住，做笔记的根本目的是理解它，并为下一步做准备，也就是将想法转移到卡片盒中，融入自己的思想中。

保持开放的心态

虽然有选择地记录是有效记笔记的关键，但是以哪种方式进行选择也同样重要。遗憾的是，我们的大脑在选择信息方面通常不是很聪明。尽管应该寻找一些反面论点和事实来挑战既有的思维方式，但我们仍然会被那些让自己感觉良好的事物所吸引，即那些证实我们已经相信自己很博学的东西。

当我们设定一个假设的时候，大脑就会自动进入搜索模式，扫描周围的支持数据，这既不是好的学习方法，也不是好的研究方法。更糟糕的是，我们通常甚至没有意识到这种确认偏差（或自我偏差[1]）在潜移默化地干预我们的生活。不知何故，似乎我们周围恰好都是那些与自己想法一致的人——这当然不是故意的，我们只是把时间花在了我们喜欢的人身上。可我们为什么喜欢他们？没错，就是因为他们和我们思考的方式相同。我们似乎只是碰巧阅读了那些能证实我们已有知识的文章——这当然也不是故意的，我们只是努力坚持阅读充满智慧的优秀文章，可为什么我们认为这些文章是优秀且充满智慧的呢？没错，这是因为我们觉得它们有道理。我们环顾四周，剔除了有违我们认知的事物，甚至都没有注意到这个过程，就像同一个城市可能某一天全是开心的人，某一天却全是痛苦的人，全凭我们的心情。

---

[1] Wolfe and Britt, 2008.

确认偏差是一种微妙而重要的力量。正如心理学家雷蒙德·尼克森（Raymond Nickerson）所说的那样："如果有人试图找出人类推理中最值得关注的问题，确认偏差必将是候选答案之一"。（Nickerson, 1998）

即使是最优秀的科学家和思想家也无法摆脱确认偏差。唯一不同的是，他们意识到了这个问题，并采取了措施。典型的例子就是查尔斯·达尔文。他强迫自己写下那些对他的理论最具有批判价值的论点，并对其进行了详细阐述。"我曾经在许多年里都遵循着这样一条金科玉律，即每当我遇到与自己的结论相反的已发表的事实、新的观察或思想时，我都会不失时机地立即把它们记下来。因为我根据经验发现，这种事实和思想比我喜欢的那些更容易从记忆中溜走。由于这种习惯，很少有人对我的观点提出反对意见，至少我没有发现过。"（Darwin, 1958）

这是处理确认偏差的一个很好的心理上的方法。但我们在寻找的是如何借助外部系统发现我们的心理局限性，希望不需要付出太多主观努力就能做出正确的决定。就像奥德修斯（Odysseus），他把自己绑在船的桅杆上，这样自己不会被海妖们的诱人歌声所驱使了。如果有一个好的系统，我们就可以完全依靠工作流程来促使我们做得更完美，而不需要我们自身变得完美。

解决确认偏差的问题需要分两步：首先，把整个写作过程颠倒过来；其次，把动机从寻找证实性的事实转变为收集所有相关信息，而不去管它支持什么论点。

许多学习指南都建议人们从确定假设或主题开始线性地进行写作，这必然会导致更多的确认偏差。首先，基本上你在开始研究前就已经预设了立场，把你当下的理解定为研究的预期结果而非起点，这导致后期你的认知都会具有片面性。然后，你会在完成任务（寻找支持预设论点的论据）与产生洞见之间人为地造成利益冲突，将任何偏离预设计划的事物当作对项目成功的阻碍。这里有一个很好的经验法则：如果你的洞见对学术或写作的成功构成了威胁，那么你的做法就错了。

敞开心扉寻求洞见的第一步，也是最重要的一步，就是将我们发现论点和想法的工作方式从自上而下变为自下而上。我们应该专注于那些颇具见地的想法，乐见那些最意想不到的事态转折，它们不会阻碍项目的推进，甚至还会推进项目的进展。先集中精力于让卡片盒实现群聚效应的积累，而不要立刻决定具体要写什么，也不要一直想着自己的预设立场。为此，我们应该做到以下几点：

· 确认是否已将任务分解，并专注于理解我们所阅读的文本；
· 确保我们已经准确地为所阅读的内容做好笔记；
· 找到笔记之间的关联性，并建立联系。

然后，我们才抽身出来看一看我们已经做的这些工作，再去确定我们要从中得出什么结论。

卡片盒使得我们在阅读和记笔记时更有选择性，而唯一的选择标准是它们能否对卡片盒中的讨论构成补充，即它们是否与已有的笔记存在联系，或者可能在将来产生某种联系。能够促进卡片盒中的论点不断发展的东西包括各个方面：既可以是对已有内容的补充，也可以是与已有内容相矛盾的东西；既可以是对一个看似显而易见的想法的质疑，也可以是对一个论点的区分。当我们开始使用卡片盒时，对习惯最重要的一项转变就是将注意力从个别项目的预设立场转移到卡片盒内的开放性联系上来。

明白了这些以后，我们才能更进一步，把那些反驳预设论点的事实也纳入我们的探求范围。确实，我们要有所选择，但不是以支持或反对为标准，而是以相关或不相关为标准。一旦我们把注意力放在卡片盒的内容上，那些反驳预设论点的信息就会突然变得非常有吸引力了，因为相比只有单一的支持预设论点的信息，加上这些与预设论点相悖的信息更容易在卡片盒内部构建联系，并引发思考和讨论。随着进一步的实践，你就能轻松找出与预设论点相悖的信息，而且你很可能会喜欢上做这种事——如果你发现某条信息能改变你对某个问题的整个看法，你会非常兴奋。卡片盒里的内容差异越大，就越能把我们的思想带得更远——前提是我们事先没有决定方向。卡片盒内的矛盾可以在后续的笔记中甚至在最终的论文中讨论。比起凭单一角度的笔记和看似恰当的引述进行延展，借正反双方的热烈讨论更容易写出一篇有趣的文章。事实上，如果只是基于一个我们在详细阐述问题之前就能提出的想法，那么几乎不可能写出任何有趣且值得发表（因此也是能够激励我们）的东西。

我们并不知晓会往卡片盒中添加什么，只是更喜欢添加相互关联的笔记。我们要在阅读、收集相关数据、连接思想，并思考如何将它们能很好地结合起来之后，才能得出结论，并为论证制定一个线性结构。

培养抓住要点的能力

区分相关信息和不太相关信息的能力只能通过实践习得。当我们一边阅读，一边用笔记录，写下一张又一张永久笔记时，我们需要将要点和普通的辅助细节区分开。提取一篇文章或一种思想的要点，并以书面形式加以说明，这对于学者来说，就像钢琴家每天练习弹琴一样。这绝不是单纯的练习，而是每天要重复多次的刻意练习。我们练习得越多，越专注，就越卓越。

可以帮助我们驾驭文本和论文的模式不仅包括理论、概念或相应的术语，还包括我们发现的论点中的典型错误，我们采用的一般分类，能表明某一学派的写作风格，或我们从不同的见解中学习或形成的心智模式，这些模式就像一套可用于思考的巨大并不断增加的工具箱。如果没有这些思考工具和参照点，我们就不可能有专业的阅读和理解，只能像读小说一样用同样的方式阅读每一篇文章。而一旦我们具备了这种识别模式的能力，就会变得得心应手：能更轻松地阅读，更快地掌握要点，在更短的时间内阅读更多的内容，也能更容易地识别这些模式，并提高我们对这些模式的理解。在这个过程中，我们不断丰富着自己的思考工具，不仅有助于学术工作，也会对一般的思考和理解有所帮助。伯克希尔·哈撒韦公司（Berkshire Hathaway）副主席查理·芒格（Charlie Munger）称那些拥有大量思考工具并知道如何应用的人是拥有"普世智慧"的人。

想要具备这样的能力，必须有意识、有选择性地阅读，只能靠自己去判断内容是否重要。这样的能力也无法通过阅读教科书或其他二次文献获得，如果学生单纯依靠这些书，那他就没有机会拥有"普世智慧"。这与哲学家伊曼努尔·康德（Immanuel Kant）在其关于启蒙运动的名篇中的描述不谋而合："如果一个人离开他人的引导就无法运用自己的理智，那他就是不成熟的。如果不成熟的原因不是缺乏理智，而是犹豫不决、没有勇气，那就是作茧自缚。要敢于认识！这就是启蒙运动的座右铭是'要有勇气运用你自己的理智'的原因。"（Kant, 1784）

我建议从字面上理解上面的话，运用自己的理解能力，不是一种天赋，而是一种挑战。卢曼强调了永久笔记在帮助我们形成这种能力方面的重要性：

> "阅读学术文章的困难似乎在于短期记忆对我们没有帮助，我们需要长期记忆来提供参考资料，帮助我们区分什么事情重要、什么事情不重要，哪些信息是新的、哪些信息是重复的。但是除非死记硬背，不然我们不可能记住所有的东西。换句话说，我们必须在阅读方面有非常好的选择能力，并能够提取广泛且有联系的参考资料，必须能够跟踪反复出现的问题。只是，如果没有指导，那该如何掌握这样的能力呢？最好的方法可能不是摘录，而是做笔记，就是对所阅读的文本进行浓缩重写。对所阅读的材料进行重写，能够自动地训练人们把注意力转移到文本的框架、模式和类别中来，或者是转移到文本的条件或假设上面，注意到这些以后，你的表述就会变得与之前不同。有效的办法是在阅读过程中时刻谨记以下问题：当文章中提出某个主张时，作者想要说明的是什么，想要排除的又是什么？比如有人提到了'人权'，他要对比的是什么？是'没有人权'？还是'义务'？是一种文化的对比？还是与历史上的那些没有人权概念却依然能和平相处的人们对比？对于这个问题，往往难以从文本中找

到直接或明确的答案，只能依靠读者自己的理解。"
（Luhmann, 2000）

你在这方面做得越好，记笔记的速度就越快。卢曼的笔记就非常言简意赅（Schmidt 2015）。这种表达能力能够通过练习得到提高，使你能够找到合适的词语、以最好的方式，简洁而不删减原意地表达某件事情。不仅你的读者会赞赏你清楚地解释某件事的能力，那些与你交谈的人也会从中受益，因为这种能力不仅仅局限于写作，对讲话和思考也大有帮助。事实证明，在读者和听众看来，表达越清晰、越能切中要害的作者和演讲者就越聪明（Oppenheimer, 2006）。

辨别模式、质疑所用框架，并发现不同作品间差异的能力，是进行批判性思考并审视文本或谈话背后观点的先决条件。能够对问题、论断和信息进行重新构架，甚至比拥有广博的学识更重要，因为如果没有这种能力，我们就无法将知识用于实践。值得欣慰的是，这些技能是可以习得的，只是需要刻意练习（Ericsson, Krampe, and Tesch-Römer, 1993; Anders Ericsson, 2008）。单纯进行阅读、在句子下面画线或者背诵原文都不能算是刻意练习，做卡片盒笔记才是。

写下来有助于真正理解

"如果你说不清楚，就表示你自己也不明白。"（John Searle）

物理学家、诺贝尔奖获得者理查德·费曼（Richard Feynman）曾经说过，他只有在能对某件事情进行科普演讲时，才能确定自己对这件事完全理解了。阅读的时候手里拿支笔，在一定程度上相当于一次演讲。永久笔记也是一样，应假定面向的读者是对文本背后的思想一无所知、不知道原文背景、只具备该领域基础知识的人。唯一的区别是，这里的读者也包括未来的自己，因为我们在记完永久笔记以后，很快也会达到对此一无所知的状态，就像那些从未接触过我们所写的东西的人一样。当然，让其他人参与到写作过程的各个阶段会对写作很有帮助，因为这样我们就可以从他们的脸上看出我们的写作水平，以及我们的论点的说服力如何，但这是相当不切实际的。

另外，我们也不应该低估写作的好处。在口头表达时，我们很容易掩饰毫无根据的主张，还可以用自信的手势来跳过论证的漏洞，或者不顾自己是否知道自己的意思，随口说一句"你知道我的意思"。但写在纸上的时候，这些手法过于明显，像"那就是我所说的！"这样的叙述很容易被查证。"写下来"最重要的好处是，当我们对某件事情的理解达不到自己以为能达到的程度时，它能帮助我们正视自己的观点。

费曼在一次对年轻科学家的演讲中强调（Feynman, 1985）：
"原则是你不能欺骗自己，可你偏偏又是最容易被欺骗的人。"
阅读，尤其是重复阅读，很容易使我们误以为自己理解了
一篇文章。重复阅读是特别危险的，这是因为存在曝光效应
（mere-exposure effect）：当我们熟悉某事物的时候，会开
始相信自己已经理解了，最大的问题是，我们还会对其越发喜
欢（Bornstein, 1989）。

虽然很明显，熟悉并不是理解，但在以某种形式测试自己之
前，我们没有机会知道自己是否真正理解了某个事物，还是只
是自以为理解了。如果在学习过程中不尝试验证自己的理解，
我们就会愉快地享受着变得更聪明、更博学的错觉，而实际上
自己一直和以前一样笨。当我们试图用自己的语言将读到的东
西写出来时，这种良好的自我感觉很快就会消失，我们突然就
能看出问题了。试图用自己的话重新表述一个论点，毫不留情
地面对我们理解上的所有偏差，这当然感觉不太好，但它是我
们提高理解力、学习和进步的唯一机会，这也是一种刻意练
习。现在，我们面临的选择很明确：是要感觉变聪明还是真的
变聪明。虽然把一个想法写下来，感觉就像走了个弯路，多花
了时间，但不写下来才是真正的浪费时间，因为这样我们大部
分阅读都是无效的。

理解不仅仅是学习某样东西的前提条件。在一定程度上，学习
就是理解，而且机制也没什么不同：我们只有在过程中不断检

验自己，才能改进我们的学习。在这里，重复阅读或复习并不会让我们找出还没有学会的东西，虽然它让我们觉得自己已经学会了。只有实际尝试在大脑中提取信息，我们才会清楚地知道自己到底学到了什么。曝光效应在这里也会欺骗我们：看到我们以前见过的东西，会给我们一种好像能从记忆中提取到它的错觉。因此，重复阅读会让我们觉得自己已经学会了所读的东西。我们在这里面临着同样的选择，是选择那些让我们感觉自己学到了一些东西的方法，还是选择那些真正能让我们学到东西的方法。

你或许在想："这太荒谬了，谁会愿意为了学习和理解的假象而假装读书呢？"但统计数据表明，大多数学生选择每天不对自己进行任何方式的检验。相反，他们采用的正是已被研究一次（Karpicke, Butler, and Roediger, 2009）又一次（Brown, Roedinger III, and Mc Daniel, 2014）证明几乎完全无用的方法：反复阅读，在句子下面画线，以便以后重读。即使他们被告知这种方法没有用，大多数人还是会选择继续用这种方法。如果让我们进行有意识地选择，可能都会选择正确的方法，但问题在于我们每天要做的许多微小的、不明显的选择，大多是在无意识中做出的。

这就是为什么要选择一个外在系统，用它能够迫使我们进行刻意练习，并尽可能使我们面对不理解或尚未学会的信息。我们需要做的是一次有意识的选择，一个明智的选择。

实践

卡片笔记写作法

刘少楠 编

ONE SIMPLE
TECHNIQUE TO
BOOST WRITING

LEARNING AND
THINKING-FOR
STUDENTS

ACADEMICS AND
NONFICTION
BOOK WRITERS

结构化学习方式，
从方法到习惯。

著作等身未必需要吃苦
耐劳，好的写作流程让
你事半功倍。

HOW

笔记让知识显性化，
写作让知识体系化。

TO

TAKE

知识双向链接，
自下而上流程体系，
情景化调用。

SMART

NOTES

没有写出来的想法其
实是被浪费的才华。

用笔记系统构建自己的
外脑，重新塑造学习输
入与输出的关系。

笔记比记忆可靠，而且
绝不仅是复制粘贴。

学会笔记写作法，获得
终身成长的认知复利。

研究不是苦修，不必因
循计划按部就班，追随
兴趣，依从灵感。

中国工信出版集团

人民邮电出版社
POSTS & TELECOM PRESS

1　重新认识笔记

有时候一本书，或者一套思想体系，会改变一个人的命运。

这本《卡片笔记写作法》便是如此，因为这本书不但能改变人们对写作的看法，也能彻底改变对知识管理的认识。在这个小册子中，会以研究"什么是交易平台"这个概念为例，尝试展现一种卢曼笔记的实战用法，这套知识体系大概的数据如下：

积累时间	3 年	涉及资料	» 图书 10 余册
			» 论文 20 余篇
积累卡片	300 余张		» 文章近百篇
费　用	0 元		» 与多位挚友对话累计超过 50 小时

产生成果	» 搭建"丁香医生在线问诊"平台的产品及运营体系。
	» 成为了"产品沉思录"中最受欢迎的专题。
	» 基于此专题，多次在起点学院（人人都是产品经理）、职人社等机构举办线下分享活动。
	» 水滴学院将内容选做交易系列课程之一，授课人群涵盖从创业者到多个大厂的产品 / 运营部门人员。
	» 结识了数位对此话题感兴趣的好朋友。
	» 促成了 flomo 的诞生。

关于思维产品功能的讨论很多，以至于许多新上手的用户总试图寻找到一个"完美"的工具，然后才开始动手建立自己的知识体系。

选择使用何种工具，不取决于工具本身功能的丰富程度，而取决于适用的情境和需求。

2017 年前后，刚开始负责"丁香医生在线问诊"平台的搭建，面对新业务有点无从下手，所谓知识管理仅是收藏文章然后分类存放。

而在 2019 年，突然明白了"在线问诊"本质上是一个"非标服务交易平台"。在傍晚骑车回家时，一路思考如何让医生更好地设定自己的服务价格，脑海中突然闪出像股票交易所一样的画面：到底应该医生先挂出来诊疗的价格让患者选择，还是让患者先挂出来自己愿意付费的价格，让医生应征接单？

由此，"在交易中应该让谁先声明价格？"这个问题浮现出来。

当意识到许多领域自己不需要关心的时候，那个值得关心的问题自然就会从众多知识积累中浮现出来。

2 管理知识体系

没必要刻意分类，让结构自然生长。

如果忘记那些复杂的知识管理体系，知识管理可以像自由奔流的大河，恣意分流，灌溉不同领域，结出更美丽的果实。可以把知识管理朴素地分为三个阶段：

* 输入：
将写卡片当作刻意练习，尽可能多地把自己想法和感兴趣的知识捕捉下来，但避免不经思考地摘录。

* 输出：
重要的不是文采，而是内化知识，并获得高质量的反馈。

* 实践：
不断地通过实践检验知识，建立知识之间的连接，同时建立输入和输出之间的循环。

2-1 重新定义输入

听了很多道理，依旧过不好这一生。

其中原因之一在于，我们只是看到了信息，却没有将其用自己的语言表述出来、转化为自己的知识。

传统产品的输入过程非常"严肃"，标题、段落、排版一应俱全——但是一个想法可能也就几十个字就说完了，于是备忘录中就充满了只有标题的空白记录。久而久之，这些可能有价值的想法和知识就变成了一片荒芜的土地，而且多半会归罪于：耕种的工具不好用。

flomo 和传统文档工具不同，推荐给大家因为它的特色功能：

* **便捷记录闪念笔记，把许多一闪即逝的想法捕捉下来。**

» 通过微信服务号输入，把群里讨论的问题迅速地记下来。

» 通过 iOS 快捷指令，在手机上阅读时快速摘录和批注，避免来回跳出语境复制粘贴。

» 通过 API，配合扫描 App，将书本上的内容识别并保存。

* **关于文献笔记，则比较适合下面的场景。可以把比较值得再看的文章悬浮在微信中。然后集中一个时间在桌面端阅读，同时在右侧开着 flomo 的 mini 窗口，这样，在看到有启发的内容时可以摘录、写下自己的想法，并可以加上标签方便将来回溯。**

我们用笔写下来的东西印象更深刻，是因为这个过程"摩擦"非

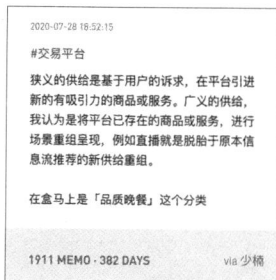

2020-07-28 18:52:15

#交易平台

狭义的供给是基于用户的诉求，在平台引进新的有吸引力的商品或服务。广义的供给，我认为是将平台已存在的商品或服务，进行场景重组呈现，例如直播就是脱胎于原本信息流推荐的新供给重组。

在盒马上是「品质晚餐」这个分类

1911 MEMO · 382 DAYS   via 少楠

图 2-1

常大，正是这样看似低效率的摩擦，才能让我们以后高效回想起来。所以消费信息的时候，不断地记录就是一个解释的过程，也是一个向大脑"写入"的过程。

用自己的话将有用的知识点记录下来，还有一个隐藏的好处，即这些知识块是独立的，方便后续拼装和改善。

没必要刻意分类，让结构自然生长。

在卢曼的卡片盒系统中，并没有像图书馆一样分类。而是随着记录不断增加，让结构慢慢地涌现出来。

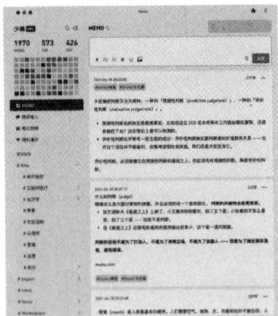

图 2-2

这很反直觉，但仔细考虑确有其深意。传统的分类更像建筑物，一经设计好就不会大幅变动，如需改进就需要大幅度重构。而我们吸收知识更像是神经回路不断被加强 / 减弱的过程，收集之后会慢慢地生长出结构，宛如植物生长一般。

现实中，我们不断消费信息，并对其进行理解、贴上标签、建立连接，最后内化为知识。所以每个人的知识体系都不一样，最终一定是个性化的、不断生长的、自下而上的。传统的分类方式无法满足这种生长的状态。

在 flomo 中，你先记录下来想法，让大脑的认知不断地成长，然后可以通过多级标签对每一个卡片进行关联，不要担心混乱，而是要尽可能多地添加线索，这样，主题就会慢慢地涌现出来。

结构越灵活，成长越有机会；积累越丰富，结构越能涌现。请相信你的创造力，随着时间推移能发掘出来更多知识之间的联结。

除了记录方便、拒绝分类，以及长文输入，日常使用 flomo 的时候还会围绕某些主题进行定期回顾。时间是一把非常好的尺子，当我们不断回顾的时候，一方面能看到某些内容是否能经得起时间的考验，另一方面也能看到自己思维的变化。

图 2-3

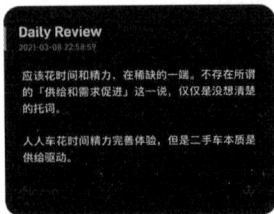

2-2 改变输出观念

许多时候，我们踟蹰不前，多半是因为脑海中对于"输出"的定义束缚着自己，担心自己写得不好，或者因追逐热点扭曲了"输出"的动机。而我们所定义的"输出"很简单，就是把自己的知识和想法呈现出来。其目的是为了做思维的"刻意练习"，而在"刻意练习"中，完成比完美重要；同时，在不断地练习中获得高质量的反馈也非常重要。

推荐一个输出工具 Notion，同类产品还有"语雀"、"飞书文档"等许多工具可以选择。推荐这款笔记工具主要看重其具备以下三个特性：

* **表现力强：** 能方便地解决实用的排版问题，并能嵌入第三方软件，比如 figma 做的图可以在 Notion 文档中实时修改，不需要反复截图上传。

图 2-4

* **方便互动：** 因为高质量的反馈是刻意练习中不可或缺的一环。所以输出是为保证有探讨的基础，哪怕只有三五个人进行互动，带来的价值也可能会远超一篇完美的文章。

* **易于迭代：** 不同于多数传统笔记工具只能共享一篇文章，Notion 无限层级的 Block 以及方便的引用功能，能一次分享一个类似小型维基百科一样的专题内容，并且更改后实时生效。

比如"电子表格的历史"这个专题，先后编辑了几十次，运用了大量不同的 block 模块展示其内容，并多次探讨。时至今日，这个专题仍在进化中。

3

实践范例：如何建立交易平台专题

一个好的问题，胜过许多好的答案。

不断深挖"在交易中应该让谁先声明价格"主题，发现讨论"什么是交易平台？"非常有价值。

日常工作中我们很难有大量不被打扰的时间用来学习。我们必须学会更好地利用碎片时间学习、积累一个又一个的知识卡片，然后再找到整块的时间将其整理成更完整的体系。但这个结构并非是第一天就想明白了的。

这些参考资料最早并非以图 3-1 这样整齐地出现在一个专题中，而是以卡片的形式散落在 flomo 里面。

当确定了这个阶段的母题之后，就开始在日常的搜索和阅读中，以及和朋友的交谈中不断地收集相关信息，并在左侧打上相应标签，方便随时翻看。

图 3-1

记录的内容比较零碎，因为在对这个概念不熟悉的时候，我只能确保每一个 MEMO 中的内容尽量完整独立。就像曾参与 iOS 系统设计的安迪（Andy Matuschak）所说：像原子一样的笔记，一次一件事。这样既能快速掌握事情的全部，也方便在不同的话题间建立联系。记录太宽泛很难聚焦，太零碎又会让连接模糊。

图 3-2

图 3-3

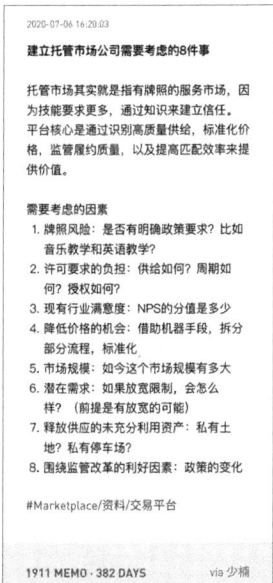

2020-07-06 16:20:03

建立托管市场公司需要考虑的8件事

托管市场其实就是指有牌照的服务市场，因为技能要求更多，通过知识来建立信任。平台核心是通过识别高质量供给，标准化价格，监管履约质量，以及提高匹配效率来提供价值。

需要考虑的因素

1. 牌照风险：是否有明确政策要求？比如音乐教学和英语教学？
2. 许可要求的负担：供给如何？周期如何？授权如何？
3. 现有行业满意度：NPS的分值是多少
4. 降低价格的机会：借助机器手段，拆分部分流程，标准化
5. 市场规模：如今这个市场规模有多大
6. 潜在需求：如果放宽限制，会怎么样？（前提是有放宽的可能）
7. 释放供应的未充分利用资产：私有土地？私有停车场？
8. 围绕监管改革的利好因素：政策的变化

#Marketplace/资料/交易平台

1911 MEMO · 382 DAYS   via 少楠

除了积累和讨论，最重要是实践知识。此处的实践并不是整理成文对外输出，而是真正地将理念变成决策，观察决策和结果之间影响。

这些决策带来的反馈能直接反映在各种业绩指标上，知识经过实践，一方面可以记忆深刻，另一方面也会促进迭代现有的知识体系。

在 flomo 中确实很难完成结构化的输出和互动。但如果没有结构化的记录，这些碎片很难发挥价值。

还需要进行阶段性的整理输出。

图 3-4

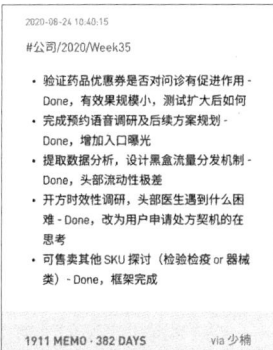

2020-08-24 10:40:15

#公司/2020/Week35

· 验证药品优惠券是否对问诊有促进作用 - Done，有效果规模小，测试扩大后如何
· 完成预约语音调研及后续方案规划 - Done，增加入口曝光
· 提ану数据分析，设计黑盒流量分发机制 - Done，头部流动性极差
· 开方时效性调研，头部医生遇到的困难 - Done，改为用户申请处方驳机的在思考
· 可售卖其他 SKU 探讨（检验检疫 或 器械类）- Done，框架完成

1911 MEMO · 382 DAYS   via 少楠

在定期翻阅 flomo 内容的过程中，发现许多记录的知识点和日常的工作中都在探讨"交易平台谁来定价"，于是一个属于自己的框架就慢慢在头脑中浮现出来。

图 3-5 是从文章中提取出来的关键内容，括号内的是自己补充的案例，在原文中并未提出——这便是内化的过程。

许多小知识点附挂在了一个结构上。当需要用这个领域知识的时候，只要大概回忆起对应的结构，许多对应的知识点就能顺势提取。聚沙成塔，这样的结构多了，就组成了"什么是交易平台"的专题。

所以在交易平台这个专题中，最早只有"交易平台的分类"和"交易平台谁来定价"两个章节。但随着一年多时间的不断积累，内容越来越丰富。

» "交易的核心要素"这个章节源自《平台革命》这本书
» "平台治理"的基本框架源自莱格斯的《网络》这本书
» "交易成本"的概念起源于罗纳德·科斯，其中还加了许多来自《详谈：左晖》中的中介案例
» 意识到"平台治理"和赫维茨的"公地理论"有异曲同工之妙……

在积累的过程中，专题研究逐渐变成了宣讲的课程，输出丰富了，因此获得了更多的反馈和案例，进而研究也更深入。

图 3-5

结合交易成本的特点（异质性、稀缺性、即时性）与交易平台的角色利益诉求（供给方、需求方、平台方），可能存在的定价方式有：

» 双向议价：供需双方之间需要对价格进行最终确认以达成成交
» 供给方定价：供给方自由制定价格，平台只负责提供价格指导（而非强制约束）
» 需求方定价：平台制定标准价格向供给方采购、再提供给需求方

▼ 各种定价模式的适用场景
议价模式：
  » 异质性非标品、定价难度高，买卖双方信息量大，议价时间成本低（如闲鱼、猪八戒）
需求方：
  » 异质性商品，议价定价获得成本过高，如 Airbnb 很难去搞清楚每个奇趣房型的当晚价格，但是流清可以大概弄明白什么车开 3 公里定价范围是多少。（Airbnb、Etsy）
  » 标准化商品，议价不需要双方时间成本过高，可以直接让用户购买（如东东、天猫）
平台定价：
  » 时间成本高，信息不对等，议价模式让供需方匹配更难（如爱彼迎、找钢铁、多抓鱼）
  » 寻求即时性，议价模式让等待时间成本过高，机会主义导致交易量整下降（如流滴、Uber）

4

积累知识的复利

前方的道路并不拥挤，因为坚持的人并不多。

或许你听说过一个词叫"复利"，尤其在投资领域中。那么知识的复利为什么却没有被普及？其难点在于**如何量化知识是否在积累**。

《程序员的修炼之道》的作者安德鲁·亨特（Andrew Hunt）有一个观念值得思考：你应该像管理金融投资组合一样来管理知识。

卡片笔记写作法便是一种"量化"知识积累的方式。就像基金定投一样，它并不要求我们从一开始就有巨大的"资金"投

入——比如现在很多写作营强调的每天写一篇；而是要我们选择好"赛道"，日积月累地不断投入、不断积累，建立知识卡片之间的连接。

这样，随着时间的积累，原来不可被量化的知识变得可以被衡量，而复利的效果，也会在卡片盒中慢慢体现。

这也是推荐使用 flomo 这些工具的初衷：**重要的不是更好地记录，而是更好地思考。**

flomo 的中文名字是"浮墨"：意思是浮于墨上。意味着：笔墨之上，那便是我们关注的根本，**旨在帮你更好地思考。**

不写，就无法思考。

在阅读过程中学习

学习本身就需要刻意练习，而且我指的是帮助我们增强对世界的理解的实际学习，而不仅仅是让我们通过考试的学习。而刻意练习要求很高，它需要努力，试图跳过这一步是没有意义的，就像去健身房锻炼却不想努力，或让教练来替你做一样没有意义。教练的作用不是来替你完成任务，而是告诉你如何能以最有效的方式利用时间和精力。我们开始意识到，在体育运动中不言而喻的道理，在学习中也同样适用。泰利·道尔（ferry Doyle, 2008）写道："只有去做才能学。"很难相信，这在教育领域还是一个革命性的理念。

学习需要努力，因为我们必须思考才能理解知识，我们需要主动提取旧知识，以说服我们的大脑将其与新的想法联系起来，成为线索。为了了解这个想法多么具有开创性，我们可以回忆一下老师们为了让学生学得轻松而付出了多少努力，包括预先整理信息，把它们按模块、类别和主题分类。但事与愿违，这反而使学生不容易学到东西，因为老师把所有的东西都设定为复习，剥夺了学生建立有意义知识链接的机会，也剥夺了学生通过把知识转述成自己的话来理解某些东西的机会。这就像快餐一样：既没有营养，也不美味，只是方便而已。

相反，如果教师在上课中改变话题，在大家还没来得及真正理解第一个章节时就进入下一个章节，过一会儿再回到上一个话题。这样也相当于经常对学生进行测试，而且有一半时间测试的是没讲过的内容。不过，尽管这样做可能会让学生们很烦，因为他们已经习惯了老师把材料整整齐齐地摆在他们面前，但这样做会迫使他们把遇到的问题弄明白——这样才能让他们真正学会。

> "用变式、间隔、引入情境干扰，以及用测试而不是演示等方式来设计教学活动，都有一个共同的特性，即它们在学习过程中先阻碍学习，但随后往往会促进学习，这是通过训练后再测试对知识的记忆和活用能力体现出来的。相反，诸如保持条件恒定和可预测性，以及在某一任务上进行大量测验等操作，往往会在教学或训练过程中出现先促进学习速度，但随后却无法长期记忆和灵活运用的情况。"（Bjork, 2011）

当我们在知道如何回答一个问题之前就尝试回答，即使我们的尝试失败了，以后也会更好地记住答案（Arnold and McDermott, 2013）。如果我们在提取信息的尝试中付出了努力，从长远来看，即使最后在没有帮助的情况下提取失败了，我们也更有可能记住它（Roediger and Karpicke, 2006）。即使在没有任何反馈的情况下，如果我们自己尝试去记忆一些东西，也会有更好的效果（Jang et al., 2012）。虽然试验数据非常明确，但这些学习策略给人的感觉却不一定正确。大多数学生却会凭直觉选择事倍功半地死记硬背（Dunlosky et al.,

2013）。然而，就像重复阅读对学习没有帮助一样，它同样对理解知识点也没有帮助。不可否认，死记硬背的方式确实能在短时间内让你的大脑获得信息，通常也足以让你通过考试，但是死记硬背并不能帮助你真正学到知识。正如泰利·道尔和托德·扎克拉伊舍克（Todd Zakrajsek）所说的那样："如果你的目标是学习，那么死记硬背就不是明智之举。"（Doyle and Zakrajsek, 2013）[1]

与其反复读一篇文章，你还不如去打一局乒乓球。事实上，这很可能对你的帮助更大，因为运动有助于将信息转移到长期记忆中（Ratey, 2008）。另外，运动可以减少压力，这是好事，因为压力会让我们的大脑产生抑制学习过程的激素（Baram et al., 2008）。

简而言之，单纯的重复阅读没有任何意义，无论是对理解还是对学习都是如此。甚至，我们能不能将其称为"学习"都还值得商榷。

这也就不难理解，为什么研究得最多、最成功的学习方法是"详细阐释"，这与我们卡片盒笔记的做法非常相似，而与单纯的重复阅读是相反的（Stein et al., 1984）。详细阐释意

---

[1] 他们声称这句话出自（Jang et al., 2012），但我没能找到。不管出自何处，总之这是一个很好的方法。

味着要真正思考所读内容的意义，思考它如何为不同的问题和主题提供信息，以及如何将其与其他知识相结合。事实上，"为学而写"是"详细阐释法"的另一个说法（Gunel, Hand, and Prain, 2007）。注意，虽然详细阐释法对于深入理解有很好的验证作用，但如果你只是想学习孤立的百科全书式的知识，它可能不是最好的选择（Rivard, 1994）。但除非你想参加智力竞赛节目，不然也不会这么干。卡片盒负责的是储存事实和信息，而不能代替你思考和理解，不过这样也有个好处，就是可以促进学习，也是我们需要重视思考和理解的原因。卢曼几乎从不把一篇文章读两遍（Hagen 1997），但这并没妨碍他被认为是非常优秀的聊天对象，因为他似乎可以把所有的信息都信手拈来。[1]

因此，使用卡片盒工作，并不是说把信息储存在卡片盒里就不必存在大脑里，也就是说不必学习了，恰恰相反，使用卡片盒能促进真正而长期的学习。这只是意味着不把孤立的事实塞进大脑——想必你也不想这么干。因此，写作、记笔记和思考如何将想法联系起来，正是我们所需要学习的"详细阐释"。如果嫌记笔记并把笔记整理到卡片盒里太浪费时间，这样的目光就太短浅了。如果我们不愿花时间去阐释，就不能从阅读中学习到东西，这样的阅读才是真正的浪费时间。

---

[1] 根据不同人的经历。

大脑和卡片盒有明确的分工：卡片盒负责处理细节和参考资料，存储的是一种长期的记忆资源，它能保持信息的客观性不被改变。这使得大脑可以专注于要点、更深层次的理解和学科大图景，并更具有创造力。大脑和卡片盒可以分别专注于自己最擅长的事情。

记卡片盒笔记

教育心理学家科斯婷·罗卡（Kirsti Lonka）比较了非常成功的博士生、博士申请人与那些不太成功者的阅读方法，他们之间关键的区别就在于有没有超越文本既定框架的思考能力（Lonka, 2003 ）。

有经验的学术读者通常是带着问题去阅读文本，并试图结合其他可能有用的方法；而没有经验的读者则倾向于采用文本中已有问题和论证的框架，并将其作为既定的内容。优秀的读者能做的是发现某种方法的局限性，看到文本中没有提到的东西。

然而，比停留在文本或论点的既定框架内更麻烦的是，不能在文本的大框架或论点中解释文本中的特定信息。即使是博士生，有时也只是从文本中收集去语境化的引文，这可能是最糟糕的研究方法，使得我们几乎不可能理解信息的实际意义。如果不在语境中理解信息，也就不可能超越和重构它，更不可能思考它对另一个问题可能存在的意义。

罗卡提到的心理学家杰罗姆·布鲁纳（Jerome Bruner）更进一步说，如果我们不能设法超越给定的语境进行思考，而只关注给我们的信息，那么显然是不可能进行科学性思考的（Bruner, 1973）。因此，难怪罗卡会推荐卢曼的建议：简要描述文本的主要观点，而不是收集引文。她还强调，用这些想法做别的事情也同样重要，比如努力思考它们如何与不同语境下的其他想法联系起来，或者可以提出原作者尚未提出的问题。

这正是我们下一步要做的，写下永久笔记并添加到卡片盒里。我们不仅仅是在头脑中推敲想法，而是要以一种非常具体的方式来处理它们：我们思考它们对其他想法的意义，然后把这些明确地写在纸上，并用文字描述将它们与其他笔记建立联系。

坚持每天记几条笔记

第一次面对写一篇长文的挑战时，比如写一篇论文，要用精心构思的想法、基于原始资料的研究填满几百页，每一页还要有正确的参考文献，一想到这些你就感到害怕，这很正常。如果你对这项任务没有丝毫敬畏，那才说明你有问题呢。另一方面，大多数人认为每天写一页（并且每周休息一天），在一年内完成一篇博士论文很容易，但实际上需要更长的时间。

安东尼·特罗洛普（Anthony Trollope）是 19 世纪最受欢迎和最高产的作家之一，他严格执行每天写一定的字数：他每天早上五点半开始，在面前放一杯咖啡和一个时钟，每 15 分钟至少写 250 字。他在自传中写道："这让我每天能写出十多页的普通小说，如果坚持写十个月，一年就能写出三部三卷的小说。"（Trollope，2008）要知道，这还只是他在早餐之前做的事。

学术或非小说类文本不是这样写的，因为除了写作，作者还需要阅读、研究、思考和修正想法，而且这些事情所花费的时间几乎总是大大超过预期。如果你问学术写作者或非虚构写作者、学生或教授完成一篇文章预计需要多少时间，他们会无一例外地低估所需的时间——即使是实际情况相当有利，并且让他们以最坏的情况进行估计也是如此（Kahneman，2013），甚至有一半博士论文将永远停留在未完成的状态（Lonka，2003）。学术写作和非虚构写作不像特罗洛普的小说那样可以相对准确地预测完成时间，并且它所涉及的工作也不能被分解为"每天一页"。

把工作分解成可管理和可衡量的步骤确实是有意义的，但是当你还要阅读、研究和思考的时候，每天写几页的工作方式并不能像一个独立单元那样有效。尽管学术写作和非小说类写作比小说类写作涉及更多其他类型的工作，但如果把卢曼的文章和书籍都计算在内，他在生产力方面还是成功地超过了特罗洛普。卢曼写了 58 本书和数百篇文章，而特罗洛普写了 47 本小说和 16 本其他书籍。当然，这可能与卢曼在早餐后也做了一些工作有关。但最主要的原因是他的卡片盒，卢曼卡片盒就像是复利投资，而特罗洛普的技术就像是储蓄罐。特罗洛普就像是一个勤奋的储蓄者，每天存一点钱，随着时间的推移，这些钱就会积少成多，最后加起来就非常了不起。比方说，每天存 3 美元，也就是一杯外卖咖啡的钱，一年下来就能存 1000多美元，够一个小假期的费用了。而如果一直存到退休，就够支付一套公寓的定金了。[1] 然而，把钞票放进卢曼卡片盒里，就像投资一样，收获的是复利的回报，在上面的例子里几乎能够买下一整套公寓了。[2]

同样，卢曼卡片盒中内容的总价值也比盒中所有笔记的单个价值总和更有价值。更多的笔记可能意味着更多的联系、更多的想法、更多不同项目之间的协同作用，进而意味着更高的效率。卢曼的卡片盒里大约有 9 万条笔记，听起来是一个非常

---

[1] 考虑通货膨胀后约为 30 000 美元。

[2] 如果将标准普尔 500 指数在历史上达到的 7% 作为通货膨胀率，则这笔资金约为 20 万美元。

庞大的数字，但这仅仅意味着，从他开始使用卡片盒进行工作的那天起，直到他去世，每天也只要写 6 条笔记。

如果你不敢希望每年出的书籍数量和卢曼一样多，可以试试将目标设定为每天记 3 条笔记，或每年不超过一本书，这样仍然可以在合理的时间内积累大量的想法。对于学术写作而言，每天记一定数量的笔记，比每天写几页手稿更实际。这是因为写一页稿子可能需要几个星期或几个月来准备，甚至还涉及其他任务，而记完笔记并放到卡片盒里却可以一次性完成。因此，你可以通过写笔记的数量来衡量你每天的工作效率。

在大脑之外思考

做文献笔记是一种刻意练习，因为我们可以通过反馈知道自己是否理解了它们，而努力用我们自己的语言来表达一件事的要点，也是理解我们所读内容的最好方法。

把自己的想法记录成永久笔记，也是一种自我检验的方式：这些想法写出来后还有意义吗？我们能够把思想写到纸上吗？我们手头是否有参考文献、事实和佐证材料？同时，把想法写出来也是让我们的思路变得井然有序的最好方法。这里的写，不是复制，而是转化，是从一个语境到另一个语境、从一种形式到另一种形式的转化。没有任何作品是通过复制脑海中的想法而产生的。

我们做永久笔记，与其说是一种预先构思好的方案，不如说是在写作过程中进行的思考，是与卡片盒内已有笔记的对话。任何具有一定复杂性的想法都需要写作表达。前后一致的论证要求语言是固定的，而且只有当被写下来时，它才是固定的，才能脱离作者而被独立讨论。仅仅依靠大脑会让我们感觉过于良好，它会出于礼貌地忽略我们思维中的不统一。只有在书面形式下，我们才能以一定的距离从字面意思上看待一个论点。我们需要这种距离来思考一个论点，否则，论点本身就会占据我们审视论点所需要的心理资源。

当我们想着已有的笔记来做新的笔记时，我们考虑到的东西会比我们自身记忆中可用的信息更多。这是非常重要的，因为我们自身记忆提取信息的方式并不总是理性而合乎逻辑，而是会遵循心理规则。而且大脑也不会严格根据神经信号客观地储存信息。当我们每次试图提取信息时，都会重建和改写记忆。大脑按照经验法则工作，即使某些事情不合适，也会让它们看起来是合适的。大脑能记住从未发生过的事情，能将不相关的情节与令人信服的叙述联系起来，并填补不完整的图像。大脑随处都能发现模式和意义，即使是在最具有随机性的事情中也是如此（Byrne, 2008）。正如丹尼尔·卡尼曼（Dainel Kahneman）所写的那样，大脑是"一台能跳跃式得出结论的机器"（Kahneman, 2013）。而当涉及事实和理性的时候，你就不会想依赖这个机器了，至少你会想抗衡它。卢曼很明确地指出：不写作，就不可能系统性地进行思考（Luhmann, 1992）。而大多数人仍然认为思考是一个纯粹的内部过程，认为笔的唯一功能是把完成的想法写在纸上。理查德·费曼的办公室曾经有一位访客，他是一位历史学家，想采访费曼。他说当他看到费曼的笔记本时，非常高兴能够看到"费曼思维过程的精彩记录"。

"不，不！"费曼反驳道，"这些不是我思维过程的记录，它们就是我的思维过程，实际上我的思维活动都是在纸上进行的。"[1]

"好吧，"历史学家说："工作是在你的脑子里完成的，但它的记录还是在纸上。"

"不，这不是记录，这就是工作过程。我需要在纸上开展工作，这就是那些纸。"

很明显，这对费曼来说不仅仅是语言上的区别，而是一个非常重要的区别。而且，我们有充分的理由认为，当涉及思考时，正是这种区别让一切都变得不同。

---

[1] *"Genius: The Life And Science of Richard Feynman,"* James Gleick, Pantheon Books, 1992.

哲学家、神经科学家、教育家和心理学家在大脑如何工作的这个问题存在许多方面的分歧。但对于是否有必要建立外部"脚手架"这个问题，他们并无异议。现在几乎所有的人都同意，真正的思考需要某种外显化，尤其是以写作的形式进行外显化。"纸上的笔记，或电脑屏幕上的笔记，并没有使当代物理学或其他种类的智慧探索变得更容易，而是使这些探索更加具有实现目标的可能性。"这是《当代神经科学家手册》中的一个重要观点（Levy, 2011）。利维（Levy）在该书中总结道："在任何情况下，无论内部过程是如何实施的，思想家们真正关心的是，什么使人类在科学和其他系统性探究领域以及艺术中取得了杰出的成就。为此，他们就需要了解思想在多大程度上依赖于外部'脚手架'。"（Levy, 2011）在卢曼卡片盒系统中，正是通过把卡片盒里存储的外部记忆的思想进行连接，明确地构建的脚手架。卢曼写道："无论是明确的还是隐含在概念中的想法，人们必须以某种方式标记差异，跟踪区别。"因为只有当这些联系以某种方式固定在外部时，它们才能作为模型或理论发挥作用，并为进一步的思考赋予意义和连续性（Luhmann, 1992）。

将一个想法嵌入卡片盒里已有的上下文中，一个常见的方法是写出它为什么对自己的思路很重要。例如，我最近读了穆莱纳森（Mullainathan）和莎菲尔（Shafir）写的《稀缺：我们是如何陷入贫穷与忙碌的》（2013），他们研究了稀缺的体验如何影响认知并导致决策过程的变化；帮助读者理解以下问题：为什么几乎没有时间或金钱的人有时会做一些在别人看来毫无意义的事情？为什么面对最后期限的人有时会在各种任务之间疯狂切换？为什么钱少的人有时会把钱花在外卖等看似奢侈的事情上？在别人看来，一次只做一件事情，或者批量购买食材并自己做饭更有意义。这本书的有趣之处在于，作者并没有对这些行为进行质问甚至没有进行评判，而是把它作为一种普遍的人类现象进行研究。

我做了一些文献笔记，收集了人类在经历稀缺时出现哪些反常行为以及会有如此反常的行为的原因。这只是第一步，仅仅针对书中的论点来做的。对此我脑中还打着一些问号，比如这有说服力吗？他们用的是什么方法？哪些参考文献是自己熟悉的？

但是，当我要写下卡片盒第一张永久笔记时，我首先要思考的问题是：这对我的研究和我在卡片盒里思考的问题有什么意义？或者说：我写下的这些内容为什么能引起我的兴趣？

心理学家对这本书感兴趣的原因，可能完全不同于政治家或债务顾问，或是出于个人兴趣而购买这本书的人。作为一个对政治问题有着社会学视角并对社会理论项目有着浓厚兴趣的人，我的第一条笔记写得很清楚："任何对社会不平等的全面分析都必须包括稀缺性带来的认知效应。参见《稀缺：我们是如何陷入贫穷与忙碌的 》"。这条笔记随即又会引发进一步的问题，我可以在下面的笔记中接着讨论"为什么？"

现在，我的卡片盒里已经有了两条笔记，是根据我读书时所做的文献笔记写的，却完全是按照自己的思路写出来的。一条笔记说明了这本书与我自己思考的相关性，另一条笔记更详细地解释了我的想法。这样，我的文献笔记就成了我从中汲取宝贵客观材料和洞见的源泉。尽管书中已经阐述了为什么稀缺性与社会不平等研究相关，但并非可以一抄了之，我需要把书中的含义进一步明确地表达出来。这就需要思考"稀缺性的认知效应如何影响对社会不平等的分析"这个问题。

当我在写这些笔记的时候，很明显，对"为什么"这个问题的回答引发了更多的后续问题，比如：这在社会不平等的理论中不是已经讨论过了吗？如果讨论过了，那么接下来的问题就是"谁讨论的？"如果没有被讨论过，那么接着就得问为什么没有讨论？我该去哪里寻找这些问题的答案呢？正确的做法是，首选卡片盒进行进一步的探究。也许卡片盒里已经有一些关于社会不平等的笔记可以帮助我回答这些问题，或者哪怕只是让我知道应该去哪里寻找答案。

通过浏览卡片盒，我可能会发现，这些观点对我没有想到的另一个话题也有帮助。比如个人责任问题，这个问题是以肥胖和激素的影响为例进行讨论的，是关于自由意志的哲学讨论的一个子主题。这些都不需要马上讨论，尤其是这些观点大多还需

要更多的研究和阅读。但是，如果我的研究指出了这些可能的
联系，我完全可以先写下这些联系，回头再来讨论它们。卡片
盒里的笔记越多，这一步骤就会越有趣、越高效，越能引发出
更多值得研究的问题。

仅仅是写下这些问题，并明确可能存在的联系，就已经属于对
概念和理论的研究了。由于这些是针对某个问题从某个特定角
度提出的，因此其局限性也是显而易见的。通过明确地写下一
个事物是如何联系或引发另一个事物的，我们就能够区分和阐
明不同的想法。

告别死记硬背的学习

"选择是构建我们思维之船的龙骨，从容量有限的记忆来讲，
选择的作用更为明显。相反，如果我们什么都记，那么大多数
情况下应该与什么都没记住是一样的，并且我们再次回想某个
东西时所花的时间和第一次学习它时所用的时间一样长，这样
我们的思想就永远不能进步。"(William James, 1890)

我们在前述中已经看到，记卡片盒文献笔记，更可能让我们长
期记住所读内容，但这只是第一步。下一步是将这些想法转移
到我们自己的思想网络中，也就是卡片盒中的理论、概念和思

维模式的网格中。之后，在不同的上下文中阐述这些思想，并将它们与其他想法永久地联系起来，这会将我们的思维带入更高的层次。文献笔记是要存档的，这意味着如果我们不做任何处理，这些想法就会永远躺在文献管理系统中。只有将文献笔记转化到外部记忆中，也就是卡片盒中，再持续与卡片盒进行对话，这些文献笔记才有可能成为我们下一步想法的一部分。

将想法转移到外部记忆中，我们就可以放心地忘记它们。尽管这听起来很矛盾，但实际上遗忘有利于长期学习。理解其原因是很重要的，因为很多学生回避使用外部记忆系统，他们害怕必须在使用大脑进行记忆（不需要借助外部记忆）和使用外部系统进行记忆（同时在大脑中忘却）中做出抉择。而我们在理解了记忆力的真正工作原理之后，就会发现这种选择显然是没有必要的。

一个人不必借助任何外部记忆，就能记住所有事情，这听起来很厉害。但是，如果你熟悉记者所罗门·舍列舍夫斯基（Lurija, 1987）的故事，就会有不同的想法。他是心理学史上最著名的人物之一，而他真的能够记住几乎所有的事情。他的上级看到他在开会时没有做任何笔记，就很怀疑他对工作的敬业精神，但不久之后，上级怀疑是自己错了。

当上级责怪舍列舍夫斯基看起来行为懒散时，舍列舍夫斯基开始一字不差地回忆出这次会议上说过的每一句话，以及他们曾经开过的所有会议。他的同事们都很吃惊，但最吃惊的是舍列舍夫斯基自己。他第一次意识到其他人似乎把会议的一切都忘掉了，即使是那些在会上做了笔记的人，也记不得他认为很平常内容的一小部分。

心理学家亚历山大·罗曼诺维奇·卢里亚（Aleksandr Romanovich Luria）后来用各种方法对舍列舍夫斯基进行了测试，却发现一般人的记忆力局限在他身上都不存在。但也很明显，这种优势是以巨大的代价换来的：虽然舍列舍夫斯基能记住很多东西，但他很难忘记任何事情。大量细枝末节的事情不受控制地浮现在他的脑海里，把重要的事情都淹没了。虽然他非常善于记忆事实，但几乎无法掌握某件事情的要旨，无法掌握细节背后的概念，无法将相关的事实与次要的细节区分开来。舍列舍夫斯基在理解文学和诗歌方面有很大的困难，他可以逐字复述一本小说，但他看不到故事背后更深层的意义。虽然《罗密欧与朱丽叶》对我们大多数人来说是一个爱情悲剧故事，但对他来说，这个故事只是"两个同样有声望的家族，在公平的维罗纳，从古老的恩怨到新的兵斗，在那里，鲜血污染了无辜市民的手……"很明显，对于学术思考和写作来说，一个人可以记住一切，反而是沉重的负担。

我们是否都和舍列舍夫斯基一样，几乎能够记住曾经遇到过的所有事情，只是更擅长抑制这种记忆能力而已，学习科学对此至今还没有定论。毕竟，有时候我们会突然记起过去的一些场景，而且非常详细，就像在《追忆似水年华》里，普鲁斯特（Marcel Proust）被玛德琳蛋糕的味道触发了对儿时的回忆一样。这些不由自主的记忆可能就像思维屏风上的小裂缝，我们可以通过它瞥见一生中的所有记忆，也可能永远不会再有机会想起。

如此看来，遗忘并不是记忆的丧失，而是在我们的自主意识与长期记忆之间竖起了一道思维屏风，心理学家称这种机制为主动抑制（MacLeod, 2007）。这样做的好处也很容易理解，如果没有一个非常彻底的过滤器，我们的大脑会不断地被记忆所淹没，也就无法把注意力集中在周围的事情上了。这正是舍列舍夫斯基在生活中的苦恼：有时候，他只是想买一个冰激凌，但一些小贩不经意间的话语就触发了他大量的联想和记忆，迫使他离开商店。这种经历令人难以承受。

我们非常依赖一种潜意识机制，这种机制能够一直稳定地抑制住几乎所有的记忆，除了极少数真正对当下情境有帮助的记忆例外。遗憾的是，我们不能像从档案文件夹中那样有意识地从我们的记忆中提取所需的东西，因为那需要可供选择的记忆已经存在于我们的意识之中，从而导致记忆机制冗余，而记忆真正的机制是把有用的东西带回我们的头脑中。因此，舍列舍夫斯基可能具备我们大多数人不具备的记忆力，但缺少我们都具备的一项能力，即阻止大脑想起大多数不相关的信息。

虽然舍列舍夫斯基不具备系统性遗忘的能力，但他仍然有能力抑制信息，可他即便做出非常细微的改变，也会产生严重的后果。因为他总是太过频繁地被记忆、联想和联觉所淹没，很难在工作中坚持下去，也很难享受普通人很珍视的许多事情。最重要的是，这让他几乎无法进行抽象的思考。

来自加州大学的罗伯特（Robert）和伊丽莎白·利根·比约克（Elizabeth Ligon Bjork）建议，在记忆方面，要区分两种不同的测量方法：存储强度和提取强度（Bjork, 2011）。他们推测，因为我们把越来越多的信息添加到长期记忆里，存储强度，即存储记忆的能力，在我们的一生中只会变得越来越强。仅仅通过观察大脑的物理容量就可以发现，我们确实可能在大脑里储存一生的事情和一些详细的经历（Carey, 2014）。

这个说法很难去验证，甚至不可能。但是，将注意力从存储强度转移到提取强度是很有意义的。学习不是像保存在硬盘上那样保存信息，而是在信息碎片之间建立连接和桥梁，在合适的时刻绕过抑制机制。提取强度就是使用特定的"线索"触发特定的记忆，当我们需要的时候，可以通过策略性的思考回想起最有用的信息。

如果我们看看当下的教育状况，尤其是大多数学生所采用的学习策略，很容易就会发现绝大多数人的学习仍然是以提高"存储强度"为目的，即使它无法被提高。这种学习方法主要是记住孤立的事实，而不强调建立联系。这正是学习心理学家们贴切描述的"死记硬背"——试图通过重复来强化和巩固大脑中的信息。这就像在古老的石碑上刻字一样，把客观材料塞入大脑。即便用花哨的词语将其描述为"加强神经元之间的连接"，也不能改变徒劳的结果。

如果我们转而关注"提取强度"，马上就会开始策略性地思考什么样的线索能够触发我们对记忆的提取。线索不是固定的，每一条信息都可以成为另一条信息的触发器，比如由甜品的香味产生的联想，就像玛德莲蛋糕触发了普鲁斯特的童年记忆，但由于我们无法刻意地提取到它，所以这种回想被称为"非自愿记忆"。当我们在一个特定的环境中学习某些东西时，就会有一些偶然的线索附着在信息上。例如，当我们在与学校的背景声音相同的房间里接受测试时，会更容易想起我们在学校里学过的东西（Bjork, 2011）。同样，当我们不坐在教室里时，就很难想起课堂上学过的东西。

显然，我们并不希望只能依靠环境的提示唤起回忆，这不仅不切实际，而且有很大的误导性。如果我们在与当初学习时相同的背景和环境中反复测试自己，我们就会在学习效果上过于自信，因为我们无法消除环境线索的辅佐作用，然而环境线索在我们真正需要想起这个知识点时很可能是不存在的。

对于真正的、有用的学习来说真正有帮助的是将一条信息与尽可能多的有意义的上下文联系起来，就像我们将卡片盒中的笔记相互联系起来的做法一样。刻意地建立这些联系意味着建立了一个由相互联系的想法和事实组成的自我支持的网络，这些思想和事实互为线索，相互提示。

死记硬背这种错误的学习方法在我们的教育文化中仍然根深蒂固。当学习理论教父赫尔曼·艾宾浩斯（Hermann Ebbinghaus）尝试着理解学习的基本原理，并衡量学习进度时，他故意使用像随机字母组合这样的无意义信息进行研究，以确保它们不带有其他意义。按照他的理解，有意义的信息会分散实际学习过程的注意力。但是他没有意识到，他是将学习过程从学习这件事中剥离出去，而学习就是建立有意义的联系。

从进化论的角度来看，我们的大脑有一种内在的偏好，就是喜欢学习有意义的信息，而对无意义的字母组合不屑一顾，这是非常科学的。但赫尔曼·艾宾浩斯为之奠定了长久而有影响力基础的传统学习理论，却将理解与学习分离开来。

我们对记忆高手的迷恋也可以从这个传统理论中得到解释。一个正常人用很长时间记住成千上万的单词、无数的事实、众多的主题，以及名人、朋友、家人和同事的名字，这没有什么特别的。但是，当一个人能在瞬间记住二三十个看似毫无意义和联系的信息时，我们就会为之着迷，马上想起自己在学校的奋斗历程。

这些高手的记忆诀窍当然不是像艾宾浩斯认为的那样把信息塞进脑子里。他们会给需要记住的信息赋予一定的含义，并以一种有意义的方式将其与已有的知识网络相连。一条信息可以成为另一条信息的线索，进而建立起线索串或线索网络。在需要学习的信息本身没有意义，或者与已知的其他事物没有逻辑或意义上的联系时，这类记忆方法很有用。不过，如果不是想成为记忆大师，你可能不太想去学习这些记忆术。

记忆术对无意义内容的学习有帮助，不过当涉及学术写作时，我们就没有必要使用这种技巧了，因为我们可以选择在有意义的背景下思考和写作。比如，书目或其他参考资料等抽象信息可以存储在外部，因为背熟它们没有任何用处，而存储在大脑中的一切信息最好都要有意义和价值。

因此，写作和学习的挑战不在于去学，而在于理解，因为我们一定能学会我们所理解的东西。问题在于，有些东西的意义不一定是显而易见的，需要我们去探究。所以我们需要对其进行详细阐释，而详细阐释无非是将信息与其他信息以有意义的方式连接起来，第一步是对当前内容进行足够的思考，然后我们才能写下它，第二步则是思考它对其他语境的意义。

这和将详细阐释推荐为一种"学习方法"差不多，该方法已经被证明比其他方法都更有效（McDaniel and Donnelly, 1996），这也不是什么新观点。巴瑞·S. 斯泰因（Barry S.

Stein）等人在研究了 20 世纪 60 年代到 80 年代初的各项研究后，总结道："最近几项研究都支持这样一个假设，如果一个人用某种方法掌握一条信息后，他能以更独特的方式把记忆中的这条信息阐述出来，那么这种方式就能增强他对该信息的记忆。"（Stein et al., 1984）

斯泰因等人以一个正在学习静脉和动脉区别的生物学新手为例，说明了这是多么常见的现象："（他）可能会发现一开始很难理解和记住动脉壁厚、有弹性、没有瓣膜、而静脉弹性较差、壁较薄、有瓣膜"（Stein et al., 1984）。但只要稍微阐述一下这种区别，并提出适当的问题，比如"为什么会这样？"学生就可以把这些知识与之前的知识（比如对压力的理解和心脏的功能）联系起来。只要将这些知识与"心脏将血液压入动脉"这一常识联系起来，他们马上就会知道，这些动脉壁需要承受很大的压力，在静脉中，血液流回心脏的压力更小，这意味着动脉需要比静脉壁更厚。当然，静脉就需要有瓣膜来防止血液回流。一旦理解了，他们就几乎不可能忘记关于静脉和动脉的属性和差异等知识。

学会，意味着理解了，意味着按着某种意义和已有的认知建立了联系，这样的信息是几乎不会再被遗忘的，并且一旦被正确的线索触发，这些信息还可以很稳定地被提取出来。而且，这些新学的知识可以为将来的新信息提供更多可能的联系。如果你把时间和精力集中在对知识点理解上，就会不知不觉地一直学下去。但如果在学习时不注重理解,你不仅不会理解,还可能学不会,而且这样学习的负面作用会积累得越来越严重。

最好的科学家往往也是最好的老师,这是有科学依据的。对于像理查德·费曼这样的人来说,不管他是做研究还是教学,一切都是为了理解。他著名的费曼图可以让理解变得更容易,他的讲座之所以著名,是因为能帮助学生真正理解物理学。费曼热衷于挑战传统的教育方法,他无法忍受那些充斥着伪解释的教科书(Feynman, 1985),也无法忍受教师们试图通过编造的"现实生活"中的例子来帮助学生学习,费曼主张以学生对之前所学知识的实际理解为连接点来促进学习(Feynman, 1963)。

记笔记,并将其整理到卡片盒中,只不过是为了理解某件事情背后蕴含着的更广泛的意义。卡片盒迫使我们提出许多阐述性的问题:它意味着什么?它与某事有什么联系?它与某事有什么区别?它与什么相似?卡片盒没有按主题分类,这是积极建立笔记之间联系的前提条件。只要联系是有意义的,不同的笔记之间也可以建立联系。在我们的学习机构里,大多时候知识是以模块化的形式出现的,一般都是按主题、学科分开,不同知识之间相互隔绝。而卡片盒则迫使我们做完全相反的事情,去阐述,去理解,去联系,从而去认真学习。通过这样的方式,我们可以学会在学习机构里学不会的那些知识。

越来越多的人已经认识到，太多的秩序会阻碍学习（Carey,
2014）。相反，我们知道，刻意制造变化和对比可以促进学
习。内特·康奈尔（Nate Kornell）和比约克在实验性地教给
学生不同的艺术风格时，就揭示了这一点。首先，他们采用传
统的方法，将同种风格的不同画作一次性展示给一批学生。然
后，他们又故意把不同风格的画作随机呈现给另一批学生。后
者更快学会了区分艺术风格，而且在将画作（他们从未见过
的）与艺术风格和艺术家相匹配方面也更加成功。由此可见，
与按主题分类相比，详细阐释笔记的异同点，不仅有助于提高
学习效率，而且有利于培养学生的分类能力，建立合理的分类
方式。

将永久笔记添加到卡片盒中

写完永久笔记后，下一步工作就是将其添加到卡片盒中。

1. 在卡片盒中添加笔记，可以添加到你在该笔记中
直接提及的笔记后面。如果没有所提及的笔记，也可
以将其添加到最后一条笔记后面。之后，为添加完的
笔记编上连续的号码。如果有必要再另立分支，借助
一个软件系统，你可以随时在其他笔记"后面"续
写其他笔记，因为每条笔记也都可以跟随在其他不同

的笔记之后并因此成为不同笔记序列的一部分。

2. 将笔记链接添加到其他已有笔记上，或者反过来，将已有笔记链接到新笔记上。

3. 确保可以从索引中找到新添加的笔记，必要时在索引中添加一个条目，或者从与索引相连的笔记中引用索引。

4. 构建心理模型的网格结构。

发展想法

"每条笔记都是引用和反向引用系统网络中的一个元素，笔记的质量就取决于这个网格。"（Luhmann, 1992 ）

理想的情况是，在编写新的笔记时，能明确参考已有的笔记。显然，在卡片盒还处于起步阶段的时候，很难做到这一点，但随着笔记的积累，情况很快就会有所好转。然后，你就可以直接把新笔记放在现有的相关笔记"后面"。卢曼用纸笔工作时，会把一张卡片放在现有卡片后面，并给它编上相应的号码，如果现有的卡片上有数字 21，他就把新卡片编号为 22 ；如果已经存在 22 号卡片，他仍会把它加在 21 号卡片后面，但编

号为 21a ；通过交替使用数字和字母，他能够在内部分支出
无限多的序列和子序列，而且没有层级顺序。

一个初始的子序列会聚集越来越多的后续笔记，随着时间的
推移，这个子序列很容易成为一个有许多子序列的主话题
（ Schmidt, 2013 ）。Zettelkasten 笔记软件还可以让事情变得
更简单：它可以自动分配编号或生成反向链接，可以随时构建
笔记序列，并且一条笔记可以同时成为不同笔记的后续笔记。

这些笔记序列是笔记发展的主干，它们结合了摘要和按主题排
序的优点。单纯地按主题排序就必须自上而下地组织笔记，并
且需要事先确定好等级顺序。而单纯地以摘要为顺序，不支持
自下而上地构建思想集群和主题，这些笔记始终处于孤立状
态，做笔记的人只能得到一堆一维的参考资料，就像没有了社
区知识和事实核验能力的个人维基百科一样。

而松散的顺序允许在必要时自由地改变笔记的主题方向，并能
提供足够的结构来建立复杂性。笔记的价值只取决于它所嵌入
的笔记和参考网络。

因为卡片盒的目的不是要成为一部百科全书，而只是用于思考
的工具，所以我们不需要担心它当前是否完整。只有在它对我
们自己的思考有帮助时才需要写；而不必为了弥补笔记序列中

的空白而写下什么。我们真正需要关注的是最终文稿中的论证是否存在缺失，但这些缺失只有在我们进行下一步时才会显现，也就是当我们把一个论点的相关笔记从卡片盒的网络中取出来，按照线性顺序整理成初稿时，才会发现这些缺失的部分。

由于卡片盒不是一本只有一个主题的书，因此我们不需要对它有一个概述。相反，我们最好尽早接受这样的事实：即不可能对卡片盒进行概述，就像我们在思考时，也不可能对自己的思维有一个概述一样。作为我们记忆的延伸，卡片盒是我们思考的媒介，而不是思考的对象。笔记的集合会从复杂逐渐变得有秩序，我们一直从来源不同的线性文本中提取信息，并将其混合起来，直到出现新的模式。最后，我们把这些模式组合成新的线性文本。

构建主题

在卡片盒中添加笔记后，我们需要确保它可以再次被找到。这就是建索引的作用。过去卢曼使用打字机在索引卡上记录索引，在一个笔记软件系统中，我们可以像添加标签一样，很容易地将关键词添加到笔记上，在索引中就会显示出关键词。卢曼会在索引中的关键词旁边加上一条或两条笔记卡片的编号（Schmidt, 2013），选择关键词要慎重，不能过多，因为卡片盒不应被用作存取笔记的档案馆，而是要用作辅助思考的工具箱，所以笔记之间的引用关系要比目录与内容之间的索引关系重要得多。只有当我们脑子里有一个完整的计划，当我们事先就知道自己要找的是什么的时候，才能只关注索引。而我们使用卡片盒的主要原因，就是要把我们的大脑从记忆笔记的任务中解放出来。

卡片盒能做的远远不止是提供我们想要的东西，它还会提醒我们忘记已久的想法，并触发意想不到的新想法。这种出其不意的收获只存在于相互联系的笔记之间，而如果我们只是通过目录去查找特定内容，则不会有这种收获。笔记是通过卡片盒中的参考网络进行组织的，大部分笔记都可以通过其他笔记被找到，因此索引的作用就只是提供笔记的入口。对于同一关键词下的笔记集群的切入点，精挑细选几条重点笔记就足够了，这样我们就可以很快地从索引笔记进入具体想要找的笔记，进而可以把写作的论点从先入为主的想法快速转移到卡片盒里相互关联的事实上，并与卡片盒进行基于事实的对话。

正如我们不能概述大脑中所有的信息一样，虽然我们也归纳不出来对整个卡片盒的概述，但我们能够对其中的主题进行概述。不过，主题和子主题也都不是既定的，而是要随着我们的持续思考不断调整。所以，关于如何构建某个主题的思考，也应该放在笔记层级上，而不是在元层级结构上。我们可以另外记一条笔记，来暂时概括一下某个主题或子主题，之后如果能从索引中链接到这条笔记，我们就有了一个很好的切入点。当我们发现之前的概括需要更新，或需要重塑逻辑时，就可以用更恰当的逻辑写一条新的笔记，并将其代替旧的概括笔记链接到索引中。这一点很重要，因为对一个主题结构的思考就是对于一条笔记的思考，它依赖于我们的理解的发展，并随之变化。

人们选择笔记关键词的方式能够体现他们是以档案管理员的思维还是以写作者的思维进行思考的。当需要考虑将笔记存储到哪里，或如何提取之前的笔记时，档案管理员会问："哪个关键词最合适？"而写作者会问："如果以后我已经忘记它了，我会在什么情况下偶然发现这条笔记？"这是一个至关重要的区别。

假设我想添加一条简短的笔记，上面写道："特沃斯基和卡尼曼（Tversky / Kahneman, 1973）在一项实验时展示，如果人们能够很好地、详细地构思事件，而不是抽象地构思事件，那么他们更有可能高估事件发生的可能性。"如果从档案管理员的角度考虑，你可能会以"主题""规范"或"方法"这样的一般分类法进行思考，从而认为"误判""实验心理学"

或"实验"这样的关键词比较合适。然而，事实是你可能不太会想要基于"实验心理学"的所有笔记来写一篇文章，也不太需要回顾所有与"实验"有关的笔记。或许你会考虑写一本关于"误判"的书，但又很难把这些堆积如山的笔记转变成一个结构化的论据。

作为写作者，我们处理关键词的方式有所不同。我们会看一眼卡片盒中已有的思路，并思考我们脑海中已有的问题，最后思考这条新笔记可能会对哪些已有的思路或问题提供帮助。

如果你是一名从事决策工作的经济学家，你可能会想到，人们常常更加偏爱那些容易看得见结果的项目，而不是更有利可图的项目。对此，"资本配置问题"这个关键词可能是合适的，但仅仅是选择这个特定的关键词，就已经将笔记置于特定的上下文中了，这会赋予它特定的含义，并由此触发一系列特定语境下的问题。例如，如果这是一个系统性的影响，那么它可以被衡量吗？是否已经有人测量过了？是否有数据可以说明其影响，比如上市公司的市值之类的数据？如果市值可以说明影响，那么评估上市公司市值的方法是否公平？如果影响不可衡量，是因为无法通过实验结果进行推断，还是结果已经被公布，导致人们的看法已经定型？如果影响不可衡量，这会不会又是一个反对"市场有效假说"的论据？又或者是一个在股市中叠加胜算的好方法？等等。通过选择"资本配置问题"

这个关键词，你可能会偶然发现已有的关于资本配置的笔记，这些笔记或许有助于回答这些问题，或许会引发新的问题。

如果你是一个政治学家，这条笔记也许能回答你的某些问题，比如：为什么在选举期间会讨论某些话题，而不会讨论其他话题？为什么在政治上，主张容易看得见的解决方案比提倡真正有效的解决方案更讨巧？因此这条笔记可能触发了你的卡片盒中"政治策略""选举""功能失调"或"政治"这几个关键词。

选择关键词时，一定要着眼于自己正在研究或感兴趣的课题，千万不要孤立地看笔记。正因为需要思考，所以这个过程不能自动化，或委托给机器或程序。例如 ZKN3 软件确实会根据已有的关键词和提取你写过的笔记里的关键词来给出建议，但这些只是最浅显的判断，而且很可能不是最好的，因此最好把这些建议当作提示，而非推荐。好的关键词通常不是已经在笔记中出现过的词，假设我有这样一条笔记："在库恩看来，突然增加的特例假设是正常科学阶段可能陷入危机的迹象（Kuhn，1967）"。合适的关键词可能是"模式变化"，但这个短语不在笔记中，因此无法从文中提取，笔记软件也无法提供。

选择关键词不仅仅是一个例行程序，它是思考过程中的一个重要部分，往往会让我们对某个笔记的阐释更深入，让我们对某条笔记与其他笔记之间关系的阐释更深刻。

建立智能链接

在 Zettelkasten 软件中，建立链接关系很简单。尽管软件或许也能给出建议，比如根据关联的文献引用，但做好交叉引用是一个需要认真思考的问题，也是思想发展的关键部分。

卢曼使用了四种基本的交叉引用类型（Schmidt, 2013; Schmidt, 2015）。只有第一种和最后一种与软件形式的卡片盒有关，其他两种只是为了弥补纸笔的局限。如果你用的不是纸笔，而是应用软件，则不用关注它们。

1. 第一类链接是那些给你提供一个主题概述的笔记上的链接。这些是直接在索引中引用的笔记，通常作为进入一个主题的切入点，而这个主题已经发展到了需要一个概述的程度，或者至少概述是有帮助的。在这样的笔记上，你可以收集与这个主题或问题相关的其他笔记的链接，最好是简短地说明在这些笔记上可以找到什么（一两个词或一句简短的话就够了）。这种笔记有助于组织思路，可以看作构建初稿的中间步骤。最重要的是，它们有助于在卡片盒中定位笔记。你需要知道什么时候应该写一条这样的笔记。卢曼收集了 25 条这样的笔记。这些笔记不一定要一次写完，因为链接可以随着时间的推移而增加，这再次说明了主题是如何自然发展的。我们认为什么与一个主题相关，什么不相关，取决于我们当前的理解，并且应该相当严肃地对待这件事，因为它既定义了一个想法，也定义了它所依据的事实。我们认为什么是与一个主题相关的，以及我们如何构建它，将随着时间的推移而改变。这种变化可能会催生另一条结构更加充分的笔记，进而可以被看作是对前一条笔记的评论。值得庆幸的是，它不会让其他笔记变得多余。如前所述，我们所要做的就是把索引中的条目改成这条新笔记，并 / 或者在旧笔记上注明新的结构现在认为更合适。

2. 第二种链接和第一种链接类似，但重要性略有降低，它用于记录卡片盒中相邻笔记所构成集群的概述。第一类卡片记录的是对一个主题下所有笔记的概述，而无关乎这些笔记在卡片盒里的位置；而第二类卡片则是追踪卡片盒中相邻笔记所讨论的所有不同主题。由于卢曼会将新笔记插入到原有笔记之间，以在内部分支出子主题和更细分的子主题，所以会导致原来的思路经常被数百个不同的笔记所打断。因此，第二种笔记一般用于记录原有的思路。显然，这只是为了弥补纸质笔记的不足，如果我们使用应用软件，就不需要担心这个问题。

3. 还有一种链接，用来指向当前笔记在逻辑上的前一条和后一条，尽管他们在物理上并没挨着，而这也只是纸质笔记才需要的。

4. 最常见的引用形式是普通的笔记到笔记的链接。它们除了表示两条单独笔记之间的相关联系，没有其他功能。无论笔记在卡片盒内的哪个位置，或上下文的情境是什么，通过将两条相关的笔记连接起来，都可以产生令人惊讶的新思路。这些笔记与笔记之间的联系，就像我们与熟人之间的社会关系中的"弱连接"（Granovetter，1973）——尽管他们通常不是我们的首选求助对象，但往往可以为我们提供全新而有建设性的观点。

这些链接可以帮助我们在看似不相关的主题之间找到惊人的联系和相似之处。其中的模式可能不会立即被发现，但当两个主题之间建立了多条链接以后，新的模式可能就会显现了。这与卢曼的社会系统理论的一个主要特征类似，即可以在社会上完全不同的地方发现众多相似的结构模式。例如，他能够说明，像金钱、权力、爱情、真理和正义这些迥然不同的东西如何被看作社会发明，用来解决某些结构上相似的问题（它们都可以被视为促进沟通的媒介）（Luhmann，1997）。如果一个人始终以先入为主的想法把不同事物完全割裂开来，那他永远无法得到或解释卢曼这样的洞见。

重要的是要始终牢记：建立这些链接并不是一件苦差事，也不只是对卡片盒的维护。在完成文稿的思考过程中，寻找有意义的联系是一个至关重要的环节。我们不是象征性地搜索内部记忆，而是逐字逐句地遍历卡片盒，并寻找联系，准确地处理笔记，就如同白纸黑字般具体，而不会凭空想象并不存在的联系。

当我们在建立这些联系的时候，卡片盒的内部结构也就建立起来了，这是我们通过思考塑造出来的。虽然这个结构是在外部建立起来的，独立于我们有限的记忆；但反过来，它也会塑造我们的思维，帮助我们以更有条理的方式进行思考。我们的想法将根植于一个由事实、深思熟虑的想法和可证实的参考资料组成的网络。卡片盒就像一个知识渊博但又脚踏实地的沟通伙伴，让我们也能够脚踏实地地学习、工作或研究。如果我们试图给它灌输一些高大上的想法，它就会逼着我们先去核实依据是什么？这与已有的事实和想法有什么联系？

比较、纠正和区分笔记

当你使用卡片盒一段时间后，一定会有一个深刻的发现：你想要添加到卡片盒里的伟大的新想法原来已经在里面了，更糟糕的是，这个想法可能不是你的，而是别人的。重复产生同样的想法，或者把别人的想法误以为是我们自己的想法，一点也不稀奇。遗憾的是，大多数人从来没有注意到这个令人气馁的事实，因为他们没有一个系统来记录自己已经思考过的想法。如果我们忘记了一个想法，然后又想起了它，大脑仍然会像第一次遇见这个想法一样兴奋。因此，使用卡片盒会让我们的幻想破灭，但同时增加了我们在思考未知领域时向前迈进的机会，而不仅仅是感觉我们在向前迈进。

有时候，我们与旧笔记的对话有助于发现自己在其他情况下不会注意到的差异。看似相同的想法，有时会略有不同，但却是至关重要的，这时我们就可以在另一条笔记上明确地讨论这种差异。当两位作者以略微不同的方式使用同一个概念时，这一点尤其有帮助。无论如何，阐明词汇和概念的使用差异是每一项严肃的学术工作的重要组成部分，而如果你有一个挑剔的伙伴，比如卡片盒，那就容易多了。如果我们写的只是摘录，或者是分类保存的笔记，那么只有当我们把所有相关笔记同时记在脑海中时，这些差异才会显现出来。当我们真的将笔记摆在眼前，在试图将它们联系起来的过程中进行比较时，会更容易发现这些微小但关键的差异。大脑非常善于联想，发现看似不同事物之间的相似之处，也非常善于发现看似相似事物之间的差异，但这需要将事物客观地、外在地呈现出来。比起通过单纯的思考，外在的呈现方式更容易让我们看到不同事物之间的异同点。

比较笔记还能帮助我们发现矛盾、悖论或对立，这是促进洞见产生的重要因素。当我们意识到自己曾经将两个相互矛盾的想法都看成真理时，我们就知道自己的看法出问题了。发现问题是一件好事，因为只有这样自己才能解决问题。矛盾可能是我们对一个问题思考得不够透彻的标志，或者相反，我们过度使用了某种模式。最后，对立面通过提供对比来帮助我们塑造思想。艾伯特·罗腾伯格（Albert Rothenberg）提出，构建对立面是产生新思想最可靠的方式（Rothenberg 1971; 1996; 2015）。

对笔记的不断比较也是以新视角不断审视旧笔记的过程。我惊奇地发现，添加一条新笔记后，常常会导致旧想法的修正、补充或改进。有时，我们会发现文中所给的来源并不是实际的来源。有时，我们会发现对一项研究的两种解释互相冲突，这使我们意识到这项研究是如此的模棱两可，以至于它可以用作解释两种相互矛盾观点的论据。有时候，我们发现两个不相关的研究证明了同一点，这并不是一个更正，而是一个迹象，表明我们正在发现一些事情。在旧笔记中加入新笔记，并被迫进行比较，这不仅会使我们的工作不断改进，而且往往会暴露出我们所读文本的缺陷。要想弥补这一点，作为读者，我们要格外挑剔，仔细从文本中提取信息，并且一定要查证某个说法的原始来源。[1]

卡片盒不仅有助于我们面对预设论点之外的信息，还有助于实现所谓的特征存在效应（the feature positive effect）。这种现象是指，我们倾向于高估（在心理上）容易获得的信息的重要性，并使我们的思维向最近获得的事实倾斜，而不一定是最相关的事实。如果没有外力的帮助，我们可能只会考虑自己知道的东西，却考虑不到已经忘记的那些信息[2]，这样的信息有很多，只是我们大多都不记得了，也找不到了，而卡片盒可以不断地提醒我们早已遗忘的信息。

将卡片盒作为思考的工具箱

通过使用卡片盒，我们可以不定期地提取先前的想法和事实，并将它们与其他信息联系起来，这正是专家们推荐的学习方

---

[1] 如果感兴趣的话，请查阅前面提到的 Doyle 和 Zakrajsek 书中的一些参考文献。我相信，你很快就能发现令人惊讶的结果（Doyle and Zakrajsek, 2013）。

[2] 如果你知道这种现象，就不太会在做决策时犯这种错误（Rassin, 2014）。

式（Bjork, 2011; Kornell and Bjork, 2008），也是"闪卡"（flashcard）背后的理念。但是，即使闪卡比死记硬背教科书上的内容更有效，它们也有一个缺点，即闪卡上的信息既没有详细阐述，也没有嵌入一定的上下文中。每张闪卡都是孤立的，而没有跟理论框架的网络、我们的经验或思维模型的网格联系起来。这不仅使学习的难度大大增加，也使得理解信息的含义和意义更困难（参见 Birnbaum et al., 2013）。一个科学术语或概念只有在理论的背景下才会变得有意义，否则它就只是一个普通的词语。

日常情境也是如此，我们解读情境或解释信息的能力取决于我们广博的知识以及我们如何理解它。科学工作和日常生活在这方面并没有太大的不同，两者是相互交织的。科学工作比人们想象中更加务实，更少受到理论的左右（Latour and Woolgar, 1979）。同时，我们每天都在利用科学知识和理论来理解周围的事物。而一些理论或理论模型的通用性之广令人惊讶，这就是为什么有必要构建一个有用的思维模型的工具箱（Manktelow and Craik, 2004），来帮助我们应对日常的挑战，并使我们学习和遇到的事情有意义。

巴菲特的合伙人查理·芒格强调了拥有一个广泛的理论工具箱的重要性——不是要成为一名优秀的学者，而是要对现实有良好、务实的把握。他经常向学生解释哪些思维模型被证明对帮助他理解市场和人类行为最有用。他主张在每一门学科中寻找最强大的概念，并尝试去彻底理解它们，使其成为自己思维的一部分。当一个人开始将这些思维模式结合起来，并将自己的经验附加在这些思维模式上的时候，就会自然而然地获得查理·芒格所说的"普世智慧"。重要的是，你的脑海中不要只有几个思维模型，而是要有大量的思维模型。否则，你就有可能过于执着于一两个模型，而只能看到适合它们的东西，就会变成谚语里说的"拿着个锤子看什么都像钉子"那样的人（Maslow, 1966）。

查理·芒格写道："第一条规则是，如果你只记住了一些孤立的事实，并试图硬凑起来使用，你就不可能真正理解任何事。如果事实不能在一个理论框架中相互联系，那么你就无法将它们派上用场。你的脑子里必须有一些思维模型，你必须把你的直接和间接经验运用到这些模型里。你可能已经注意到了，一些学生试图死记硬背，以此应付考试，那么，他们在学校和生活中都会失败。你必须把经验融入许多模型组成的框架中。"（Munger, 1994）

真正的智者不是一个什么都知道的人，而是一个能够通过扩展资源来理解事物意义的人，这与我们需要从经验中学习的普遍但不明智的信念形成了鲜明的对比。然而，从他人的经验中学习则是一个好得多的方法，尤其是当他人的经验经过反思，已被转化为可以在不同情况下使用的多功能"思维模型"时。

相比于仅仅"记住孤立的事实，并试着把它们回忆起来"，我们在很多时候都在构建"思维模型框架"。例如，当我们把知识存储到卡片盒以后，在编写、添加和链接笔记，专注于一个想法背后原理的时候；当我们寻找模式，并思考笔记更深层意义的时候；当我们结合不同的想法并拓展思路，试图让某件事变得有意义的时候……

这种方法的妙处在于，我们在与卡片盒共同发展：当我们在卡片盒中有意识地发展这些联系时，我们在大脑中也建立了同样的联系，并且由于有了一个可以依附的网络，我们可以更容易地记住这些事实。如果我们的学习不是作为纯粹的知识积累，而是试图建立一个可以收纳信息的理论模型和思维模型框架，我们就进入了一个学习促进学习的良性循环。

赫尔穆特·D. 萨克斯这样说：

> "我们通过对信息的学习，保存，并在保存的基础上构建，是在创造一个丰富的相关信息网络。我们知道的信息越多，就有更多的信息钩子来连接新的信息，就越容易形成长期记忆，学习也会变得越有趣。进入学习的良性循环之后，我们长期记忆的容量和速度都

似乎在实实在在地增长。另一方面，如果我们不能保存我们所学的知识，例如，没有使用有效的策略，那么学习那些建立在早期学习基础上的信息就会变得越来越困难。就会出现越来越多的知识漏洞。由于我们无法真正用新信息填补这些漏洞，学习就变成了一场艰苦的战斗，让我们疲惫不堪，甚至让我们失去了学习的乐趣。似乎我们的大脑和记忆力已经达到了容量极限，学习进入一个恶性循环。你当然更愿意进入一个良性的学习循环，所以要想记住你所学的知识，你需要建立有效的长期记忆结构。"（Sachs, 2013）

他的学习建议读起来就像卡片盒的说明书：

1. 关注你想记住的东西。
2. 对要保存的信息进行适当的编码（其中包括考虑合适的提示）。
3. 练习回忆。（Sachs, 2013）

我们学习某件事情时，不仅要把它与先前的知识联系起来，还要试图理解其更广泛的含义，而且要在不同的时间（空间）、不同的上下文（变化）中尝试去提取它，借助偶然的机会（上下文干扰）和刻意的努力（提取）会让我们达到事半功倍的效果。卡片盒不仅为我们提供了这种行之有效的学习机会，而且只要我们使用它，就会被引导着完全按照推荐的方法去做。为了能够写下来，并转化为适用于不同上下文的内容，我们必须对自己所读到的内容进行详细阐释。每当我们试图将新笔记和旧笔记联系起来时，我们就会从卡片盒中提取信息。正是通过这样做，我们混合了上下文，打乱了笔记，并以随机的间隔检索信息。而在这一过程中，我们对刻意提取的信息又进行了进一步的阐述。

将卡片盒作为创意机器

"创造力只是将事物联系起来。当你向有创造力的人询问他们是如何做某件事时，他们会感到有点内疚，因为他们认为自己并没有真的在创造性地做事，只是看到了一些东西而已。"（史蒂夫·乔布斯）

科学史上许多激动人心的故事让我们相信，伟大的洞见来自灵感，例如詹姆斯·杜威·沃森（James Dewey Watson）和弗朗西斯·哈里·康普顿·克里克（Francis Harry Compton Crick）突然想到 DNA 一定是具有双螺旋的结构：又例如弗里德里希·奥古斯特·凯库勒的故事，据说他梦见一条蛇咬住了自己的尾巴，然后眼前突然就出现了苯环的结构。

但是，之所以是沃森和克里克或者凯库勒有这些洞见，而不是大街上随便哪个人，是因为他们已经花了很长的时间去认真思考这些问题，修正了其他可能的方案，尝试了无数其他的方法。而我们对这些故事的迷恋却掩盖了一个事实，即所有好的想法都需要时间去积累，即使是突如其来的突破，通常也在之前有一个漫长而紧张的准备过程。

科学史学家路德维克·弗莱克（Ludwik Fleck）写道：拥有解决某个问题的经验，对工作使用的工具和设备非常熟悉，最好是达到熟练的程度，是发现事物内在可能性的先决条件。（Fleck, 2012）即使对于纯理论性的工作，也是如此，也需要经验，直到我们能够"摸索出"解决问题的办法，即使这些问题是卡片盒中的文字、概念和笔记。我们在实践中所学到的东西，总是比我们能用语言表达的东西要透彻和复杂得多，这就是为什么即使是纯粹的理论工作也不能被简化为有意获得的外显知识。对于卡片盒的使用更是如此，正是因为我们对实践的深入了解，从而产生的直觉，才可以使自己获得新的洞见。我们可能无法阐明为什么采用一种思路会比另一种思路更有前景，但是经过实践，我们能以某种方式得知这一事实，这就足够了。实验派科学家经常把他们的决策过程描述为基于直觉（Rheinberger, 1997），同样，在社会科学中也是如此。或许直觉在社会科学领域更难被接受，因为我们在非常努力地向自然科学家靠拢，而我们通常认为自然科学家并不依赖像直觉这样模糊的东西。但直觉并不是理性和知识的对立面，而是我们脑力活动的整合和实践的一面，是我们建立有意识的、外显的知识所依据的经验沉淀（Ahrens, 2014）。

史蒂芬·约翰逊（Steven Johnson）写了一本关于科学界和一般人如何提出真正新想法的书，并称其为"慢直觉"。作为利用这种直觉的前提条件，他强调了实验空间的重要性，在那里，各种想法可以自由交融（Johnson, 2011）。拥有开放思想的研究人员的实验室就可以成为这样一个空间，就像知识分子和艺术家在老巴黎的咖啡馆里自由地讨论思想一样。此外，卡片盒也是这样一个空间，在那里，各种想法可以自由交融，从而诞生新的想法。

大多数情况下，创新并不是突然间实现的结果，而是循序渐进优化的结果。即使是开创性的模式转变，也多半是许多正确方向上的小改变的结果，而不是一个大创意的结果。这就是寻找细微差异同样很关键的原因。在看似相似的概念之间发现差异，或者在看似不同的想法之间发现联系，都是非常重要的技能。这甚至曾经是"new"这个单词的含义。在拉丁文中，"Novus"这个词过去是指"不同的""不寻常的"，而不是指"闻所未闻的""全新的"（Luhmann, 2005）。如果有具体的笔记放在我们眼前，并能直接进行比较，即使是很小的差异，也很容易被发现（这也是早期卡片盒的一个优点，因为你可以在桌子上摊开多个笔记，而不仅仅是在电脑屏幕上查看）。神经生物学家詹姆斯·祖尔（James Zull）指出，比较是我们感知事物的自然方式，我们的认知理解与我们实际的眼球运动是同步的，因此，应从字面上理解"比较"的意义。

当我们专注于一件事情时，我们都会进行比较——"专注并不意味着不懈地关注一个焦点。我们的大脑通过重复扫描周围环境，将注意力从一个区域转移到另一个区域，从而进化出注意细节的能力。大脑在扫描的时候比在专注的时候更容易注意到细节。"（Zull, 2002）这就是为什么当我们把所要思考的事物放在眼前时，思考就会更有效的原因之一。这是我们的天性。

在卡片盒内思考

"有创造力的人更善于认识关系、建立联系和联想，并以一种独创的方式看待事物——看到别人看不到的东西。"（Andreasen, 2014）

比较、区分和连接笔记是写好学术文章的基础，但琢磨和推敲想法才是产生洞见和卓越文章的关键。

要想与思想共舞，我们首先要通过抽象和再具体化的手段，把想法从原来的上下文中剥离出来。我们在做文献笔记，并将其转换成符合卡片盒内上下文形式的时候，就需要这么做。相比于有形而具体的手段，抽象的方法并不太受欢迎。的确，抽象不应该是思维的最终目标，但它是融合不同想法的必要手段。如果达尔文没能从对麻雀的具体观察中抽象出来，他永远也不会找到用于解释不同物种之间进化的抽象且一般性的原理，他也永远无法看到其他物种的进化是如何进行的。抽象也不仅仅适用于理论性学术的洞察过程，我们日常生活也都需要从具体情况中抽象出来。只有通过抽象和再具体化，我们才能将想法应用于独特的且总是不同的现实世界（Loewenstein，2010）。

即使是像艺术欣赏这样非常个人化的体验，也需要抽象化。如果说《罗密欧与朱丽叶》的故事触动了我们，那肯定不是因为我们都是故事中维洛纳名城内两个有世仇家族中的成员。我们把故事从时间、地点以及特定的环境中抽象出来，直到我们能够在同等层面上理解主人公，使自己的情感生活与舞台上的表演产生共鸣。因此，将抽象与现实唯智主义解决之道相提并论的倾向确实非常误导人。

对工程师创造力的研究表明，拥有抽象的能力等同于为技术问题找到兼具创造性、实用性和可行性的解决方案的能力。一个工程师对具体问题进行抽象化的能力越好，他的解决方案就会越好、越实用（Gassmann and Zeschky, 2008）。抽象也是分析和比较概念、进行类比和组合想法的关键，尤其是涉及跨学科的工作时（Goldstone and Wilensky, 2008）。

不过，只是对想法进行抽象和再具体化还不够，如果我们没有一个适当的系统来把这些想法付诸实践，那么这样做一点用都没有。而在卡片盒里，具体而标准化的笔记格式可以允许我们把笔记放置到任意位置，进而将一条笔记添加到多个上下文中，并以一种创造性的方式对它们进行比较和组合，同时又不会忽视它们的真正含义。

创造力不能像规则一样传授给别人，也不能像计划一样实现，但是我们可以确保我们的工作环境允许我们创造性地思考，这也有助于我们记住这些创造性的想法，尽管它们可能与直觉相悖。在开始写作前，我们有必要对这个问题稍加思考。

独立思考的真正敌人不是外在的权威，而是我们自己的惰性。要想产生真正的新想法，更多的是需要突破旧的思维习惯，而不是提出尽可能多的想法。显然，我不建议"跳出卡片盒外思考"。相反，我们可以把卡片盒变成打破自己思维习惯的工具。

我们的大脑喜欢墨守成规。当遇到新信息时，大脑要么忽略它们，要么就沿用原来的方式进行思考，而通常情况下我们甚至意识不到这个问题。因此，我们需要一些策略来打破常规思维。数学家爱德华·B. 伯格（Edward B. Burger）和迈克尔·斯塔伯德（Michael Starbird）在他们的著作《五维思考法》中收集了不同的策略以做到这一点（2012），有些已经通过卢曼卡片盒从技术上实现了，而另一些则需要在牢记策略之后有意识地去运用。

例如，他们强调反馈循环的重要性，以及需要找到方法使我们能够面对错误、失误和误解。这是卡片盒本身的一个功能。高效思考者的另一个习惯是他们能够专注于细节背后的主要思想，并抓住事情的要点。这也是卡片盒推动我们去做的事情。

另一条建议不是卡片盒的特色，也许听起来很平庸，但是很关键：确保你真正看到你认为你看到的东西，并尽可能清楚、真实地去描述它。如果有必要的话，请反复检查。这并不像听起来那么容易，事实上，真正看清眼前的事物往往是高手的一项特征。而这也很好解释，我们的感知往往不是按照先看到再理解的顺序，而是同时做这两件事：我们总是把看见的"某物"当作"某物"，即我们的理解是瞬间发生的。这就是为什么我们容易陷入视觉错觉：当我们看一幅三维图画时，除非我们受过充分的训练，不然我们不会仅仅把它看作线条和形状的组合。在我们感知的过程中，甚至不会注意到某些部分存在缺失，比如我们看到的一切事物中间的盲点。我们总是立即看到一个事物的全貌，然后才会对它进行理解，或检查其是否存在缺失，所以我们需要一个技巧来帮助我们发现那些没有看到的东西。

阅读时也是如此。我们不会先看到纸上的线条，再意识到这些是文字，然后用它们来造句，最后解读意思，而是瞬间就在理解意思的层面进行阅读。因此，在第一次解读的基础上不断修正，我们才能真正理解一篇文章。我们必须训练自己，让自己能够看到这种差异，并抑制住自己条件反射式地急于下结论的冲动。我们能够真正看清所看到的而不是期望看到的东西，这是一种技能，而非"心胸开阔"这样的性格特点。而那些自认为心胸开阔的人，往往更容易坚持自己的最初理解，因为他们认为自己没有天然的偏见，从而看不到抑制这种偏见的需求。如果我们认为自己可以"压制"最初的理解，那就是自欺欺人。

虽然不断地对比笔记可以帮助我们发现差异，但是没有任何技术可以帮助我们发现自己遗漏了什么。不过我们可以养成这样一个习惯，时刻询问自己有什么东西不存在于我们所看到的整体图景中，但可能与之相关。这也不是我们生来就会的技能，而是需要后天养成的。

数学家亚伯拉罕 · 瓦尔德（Abraham Wald）是最能说明这一技能的著名人物之一（Mangel and Samaniego, 1984）。在第二次世界大战期间，他被要求帮助英国空军找到飞机上最常被子弹击中的区域，以便在那些地方覆盖更多的装甲。但瓦尔德并没有统计返航飞机上的弹孔，而是建议在返航飞机都没有被击中的地方加装装甲。原来，之前英国空军犯了思维上的常见错误——"幸存者偏差"（Taleb, 2005）：他们只考虑了那些回来的飞机上的弹孔，但这些都是不太关键的，否则他们就回不来了；而忽略了没飞回来的飞机，它们正是因为被击中了需要额外保护的关键部位（比如油箱）才没能返航。

产品开发人员也经常犯同样的错误。营销专家罗伯特 · 麦克马思（Robert McMath）在设计有史以来最大的超市产品系列的时候意识到，这几乎完全变成了失败产品的集合，因为它涵盖了有史以来生产的绝大部分失败产品。他认为可以让产品开发人员像参观博物馆一样，去看看那些已经被证明行不通的东西，这样他们就不会再重蹈覆辙了。但很少有产品开发人员愿意学习他人的经验，甚至大多数公司不会跟踪自己的失败案例，例如麦克马思公司的系列案例表明，同一错误会发生在不同的场景，甚至会发生在同一公司的每一代开发人员身上（McMath and Forbes, 1999）。

奥利弗 · 伯克曼（Oliver Burkeman）在他的《解药：无法忍

受积极思维的人如何获得幸福》（*The antdote: Happiness for People Who can't Stand Positive Thinking*）一书中描述了我们的文化如何关注成功，以及如何忽略从失败中汲取重要教训（Burkeman, 2013）。经理人传记就是一个很好的例子：尽管所有的传记都包含了一些关于挫折的轶事，但这些往往也都嵌入一个关于成功的更大的故事里（很遗憾，失败的经理人很少写自传）。如果我们试图从这些书中汲取教训，可能最终会相信坚持和魅力是成功的最重要因素，而这些因素也会搞砸一个大项目（伯克曼说的是杰克尔·邓雷尔）。显然，研究也是如此：如果我们试图提出有效的新想法，就必须要知道那些已经被证明不起作用的东西。

避免产生这种倾向的一个可能有效的办法是设问，例如，"如果……，怎么办？"（Markman, Lindberg, Kray and Galinsky, 2007）。例如，我们想了解货币在一个社会中的作用，不应该只关注基于货币交换的社会中存在的明显问题，更容易的办法是了解陌生人如何在不使用货币的情况下交换产品。有时候，从已经有了解决方案的问题中重新发现问题比只考虑眼前的问题更加重要。

很少有问题可以被直接解决。大多数情况下，解决问题的关键是对其进行重新定义，然后采用现有的解决方案。实际上，我们应该先关注问题本身：用这种特定的方式问问题，你能期望得到什么样的答案呢？还缺少哪些答案呢？

另一个小技巧看似平淡无奇，却是伟大的思想家都是这么做的，即认真对待简单的想法。例如，我相信每个人都有低买高卖股票的想法，但是拥有一个想法并不等于理解它，如果你根据这个想法买入股票，你所能做的就是希望股票在你入手之后上涨，这就和赌博一样。

当你意识到购买一家公司的股票，就等于成为这家公司的一部分时，你的理解水平就上了一层。没有人会在签订买房合同时以为他们获得的只是一份合同，但很多人却认为购买股票所获得的就只是股票本身，他们并没有认真思考他们所付出的金钱是为了什么，而只是当股票价格上涨时单纯地认为自己做了一笔好买卖。而巴菲特甚至不看前一天的股票价格，他唯一考虑的只是价格和价值之间的关系。他知道简单和容易并不一样，而很多人做得最糟糕的事就是把一个简单的任务变得很复杂。股票是一家公司的股份，股票价格是由市场决定的，也就是由供求关系决定的，这就涉及市场参与者的理性以及估值的问题，也就是说你必须对你考虑投资的企业有所了解，包括竞争情况、竞争优势、技术发展等。

人们为了避免想法过于简单，常常把事情变得比实际还复杂，这正是 2008 年金融危机所发生的事情：金融家们开发了大量复杂的产品，但没有考虑到一个简单的事实，即价格和价值不一定是相同的。而巴菲特不仅拥有商业方面的丰富知识，还能用简单的语言解释这一切，所以他不仅是一位伟大的投资者，也是一位伟大的老师。

有时候，一项科学进程的突破，就是科学家发现了一个看似非常复杂的过程背后的简单原理。伯格和斯塔伯德指出，在人类尝试飞行的漫长历史中，起初我们试图模仿鸟类，制造像翅膀一样带有羽毛的的装置，但最终排除细节干扰后，我们发现鸟类飞行最关键的在于翅膀的微妙弯曲。

简单的想法可以形成一致且复杂的理论，但复杂的想法却做不到这一点。通过持续使用卡片盒，我们可以借助眼前的文字检查自己对阅读的理解是否正确，也能凭借一张小卡片让自己专注于一个想法中的要点；我们可以养成这样的习惯，在写下自己的想法时，总是想一想是否缺了什么；也可以做一种练习，在把笔记整理到纸盒里，并将它们与其他笔记联系起来时，提出一些好的问题。

通过设限来促进创造力

我们在使用卡片盒时会存在不少限制。比如，我们无法选择各种花哨的笔记本、纸张或书写格式，也不能使用那些用于记事、学习和学术写作或非虚构类写作的生产力工具，所有事都简化为单一的纯文本格式，并收集到卡片盒中，没有任何装饰和特色。即使软件没有了像卡片那样的篇幅限制，我还是建议大家像在纸卡上写笔记一样精简内容。有了格式的约束，我们就会限制自己在每张卡片上只记录一个想法，让自己尽可能做到精确和简洁，这也便于我们以后重新组合这些笔记。卢曼的经验是使用 A6 纸张大小的卡片，而我们在使用应用软件时，比较好的做法是让每条笔记的信息量不超过电脑或手机的一屏，而不需要滚动滑页。

我们对待文献和自己的想法，也需要遵循标准化的要求。在处理不同类型的文本或想法时，始终使用相同且简便的方法：用卡片记录想法和思想时，将文献以"在哪一页，内容是什么"的形式浓缩到一条笔记上，然后和文献的书目信息一起存放到卡片盒里，再与以相同方式写下并存放在相同地方的其他笔记建立联系。这种标准化使记笔记在技术层面变得自动化，而无须考虑笔记的组织结构。这对大脑非常有利，因为这样我们就能将为数不多的思维资源用于思考笔记内容的相关性。

在我们的文化中，人们通常希望能有更多的选择、更多的工具，所以这种自我限制是有违常理的。但是，不用选择，或许意味着更加自由。巴里·施瓦茨（Barry Schwartz）在他的《选择的悖论》（*The Paradox of Choice*）一书中，采用了大量的例子来说明减少选择不仅可以提高生产力，还可以增加我们的自由，甚至让我们更容易融入当下、享受当下（Schwartz, 2007）。书中的例子涉及购物、职业和恋爱，我认为也应该把学术写作添加进去——当我们不把资源浪费在选择上，我们就能释放更多的潜能。

卡片盒的标准化形式好像与我们对创造力的追求相悖，其实情况可能恰恰相反。大量研究认为，思考能力和创造力可以在受限的条件下更为活跃（Stokes, 2001; Rheinberger, 1997）。比如，科学革命就是从标准化且严格控制的实验开始的，这样的结果才具有对比性和可复现性（Shapin, 1996）。诗歌也是如此，虽然在节奏、音节和韵律上存在限制，例如，日本的传统诗体俳句留给诗人在形式上的变化空间很小，却并没有限制诗歌的表现力，反而使其突破了时间和文化的限制。

语言本身是极其标准化的，在很多方面都受到限制。虽然我们只能使用 26 个英文字母，但通过将这 26 个字母重新排列组合，就可以写出小说、理论、情书或法律条令。在打开一本书

时，没有人期望书里出现了比 26 种更多的字母，也不会因为
只有 26 种字母而感到失望，而只是希望这些字母能组合出不
同的内容。[1]

清晰的结构可以让我们探索事物的内在可能性。即使是打破常
规的行为，也需要依赖结构，例如，画布并没有限制画家们的
艺术表现力，反而为像卢西奥·丰塔纳（lucio Fontang）这
样的艺术家创造了通过切割画布进行创作的可能性。也并不是
只有更复杂的结构才能提供更多的可能性，相反，二进制代码
的限制比字母表还要大，只有 0 和 1 两种状态，却能开启一
系列前所未有的创造。

因此，对创造力和科学进步最大的威胁并不是结构和限制，而
是缺乏结构和限制。没有结构，我们就无法对想法进行区分、
比较或实验；没有限制，我们永远不会被迫做出决定，明白什
么是值得追求的，什么是不值得追求的。什么都不做，是不可
能产生洞见的。而通过卡片盒，我们可以进行比较、判断，并
发现差异。有一点是肯定的，即放弃结构和限制并不能让我们
更具有创造力（Dean, 2013）。

---

[1]　我最喜欢的旅游网站 TripAdvisor 的一位评论作者可能是个例外。他写了一篇《我参
观过（并很喜欢）的博物馆》的文章："这个博物馆里真的没什么可看的，只是在几
面墙上挂着画的建筑物。"（搜自网络）

分享你的洞见

"写作本身可以让人发现事情的漏洞，直到把东西写下来，我才真正知道自己在想什么。并且我相信，即使你充满自信，在你开始构思一句话、一段话或一个故事的时候，你也会想到'哦，这可能不正确'，然后不得不回过头来重新思考。"（Carol Loomis）

使用卡片盒时，你不用担心找不到写作的主题。写作可以看作是对文稿的修改，是将一系列笔记变成具有连贯意义文字的过程，而我们每天都在记笔记，并且在卡片盒里建立联系和索引。如果想要找到可以利用的素材，就去看看你的卡片盒，看看哪些主题下形成了笔记集群，这些就是一次又一次引起你兴趣的内容。然后，你可以把这些笔记放在桌面上，勾勒出论点，并建立初步的段落和章节的结构。通过这样处理，有些不清楚的地方会变得清楚了，同时也能发现论点之间有待衔接的地方，以及还有哪些地方需要继续修改和进一步研究。

扩展了视野以后，我们再换个角度，来缩小视野。此时我们需要做的不再是去理解其他作者文章中的内容，也不是在卡片盒中寻找更多联系，而是要发展出自己的论点，然后用线性的文章表达出来。我们要选定一个主题，删除那些对写文章没有直接帮助、不能支持主要论点的内容。

从头脑风暴到卡片盒风暴

"记住这个教训：'一个想法或事实并不仅仅因为你
很容易得到它而更有价值'。"（查理·芒格）

1919 年，亚历克斯·奥斯本（Alex Osborn）首先提出了"头脑风暴"的概念，而后在 1958 年，查尔斯·哈奇森·克拉克通过《头脑风暴：创造成功想法的动态新方法 》（*Brainstorming: The Dynamic New Way to Create Successful Ideas*）一书将其介绍给了更多人。尽管头脑风暴的历史比较悠久，但听起来仍然很有现代感，因为每当有人苦于找不到好的写作题材时，就会有人推荐他这么做。对于很多人来说，头脑风暴仍然是产生新想法的最佳方法，但我认为这不过是固执己见的另一种说法，是一味教我们凭记忆背下来，而非借助外部工具来思考和学习，是僵化的教育体系的映射。测试学生对知识的记忆，并不能代表他们对知识的理解，同样，在进行头脑风暴时，能提出（实际上很有可能是回忆出）大量的想法，也不表示这些想法的质量就高。

在选择话题时，我们想找的是那些重要的、有趣的、能利用现有素材的话题，但实际上大脑却会优先考虑当前容易获得的想法。这是因为大脑提取信息的方式并不符合脑力活动的最佳要求，大脑更偏爱最近遇到的、有情感附加的、生动具体的，或者是押韵的想法（Schacter, 2001; Schacter, Chiao and Mitchell, 2003），而那些抽象的、模糊的、没能引起情感共鸣的，或者是听起来不顺耳的想法都会被我们置之脑后。

更糟糕的是，我们往往最喜欢出现在大脑中的第一个想法，而且不管它是否有实际意义，我们通常也不想放弃它（Strack and Mussweiler, 1997）。即使你想通过召集更多人一起进行头脑风暴来克服这种局限也无济于事，通常人越多，好点子就越少，并且越会被禁锢在一个更小的话题范围内（Mullen, Johnson, and Salas, 1991）。[1]

---

[1] 不过，你可以让所有成员单独进行头脑风暴，之后汇总结果，来避免这种局限性。

如果找不到合适的写作主题，可能是那些把写作当作孤立任务的人才会遇到的问题，而对于使用卡片盒工作的人来说，这完全不是问题。如果只依赖大脑中的记忆进行写作，那他们只能先反问自己，然后向导师请教：我已经读了这么多东西，但是我应该写点什么呢？然而，对于自始至终都在书写并整理笔记的我们而言，在进行写作时，我们可以直接查看自己的卡片盒，而完全不需要进行头脑风暴。如果我们曾经有一个好的想法（当然更有可能的情况是，这个好想法是在几个月内通过反复锤炼而形成的，而不只是在几分钟内就能得到），那么它就会一直存在于卡片盒内，甚至可能拥有与其相关联的支持性材料，从而证明它是值得跟进的。使用头脑风暴就像是在预测哪些想法值得写，而使用卡片盒可以真切地看到值得写的内容，后者自然会更加有效。

在使用卡片盒工作时，我们不再需要担心写什么，因为我们每天都在回答这个问题。每当我们读到一些东西的时候，就会判断哪些值得写，然后记下来；如果这与我们的长期思考有关，对发展已有的想法有帮助，我们就会记录到永久笔记里。不仅如此，我们还会不断思考新信息与已有想法之间的联系，并以文字的形式将这些笔记之间的联系记录在卡片盒里。这样我们就有了清晰可见的想法集群，也就是可以用于文稿写作的素材。

这是一个自我强化的过程。一个显性发展的想法集群会吸引更多的想法，并提供更多可能的联系，这反过来又会影响我们对阅读和进一步思考内容的选择。这些想法集群会成为我们日常工作的路标，为我们指引值得思考的东西。随着工作的持续发展，这些主题也在自下而上地生长。当想法越来越多之后，我们就可以用务实的眼光去审视卡片盒，进而清楚地看到哪些东西真正被证明是有趣的，我们在哪些地方找到了可以利用的材料，而不仅仅是像进行头脑风暴那样凭空预测哪些东西是有趣或相关的。

如果我们一开始就决定使用卡片盒，把写作作为我们整个智力活动的手段和目标，那么寻找写作主题就完全不是件难事了。此时问题的关键不再是找到一个主题来写，而是通过写作来发展我们找到的主题。

在日常工作中直接发现用于写作的问题，会产生大数定律[1]的结果。一般情况下，很少有问题可以通过一篇文章、一篇论文或一本书来彻底解答。答案要么太宽泛，要么太狭隘，又或者以我们现有的知识无法回答，但对大多数人来说，问题只是在于没有东西可写。那些一开始就有写作计划或想法的人，大概率会在进行过程中遇到上述问题，然后他们也许能对最初不完善的想法进行一两次修正，但最后还是要选择一个主题坚持下

---

[1] 在随机事件的大量重复实验中，往往呈现出几乎必然的规律，即偶然中包含着必然。——编者注

去，而不能无休止地更改，否则他们将永远无法完成自己的写作计划。

相反，通过在日常工作中使用卡片盒，我们就可以从几十甚至上百个可能的问题中筛选出实际可以用于写作的问题。绝大部分问题要么很快被解答，要么没有下文可以承接，又或者由于兴趣或材料的缺乏而消失了。这就是进化论的原理：我们的工作之所以能不断推进，靠的不是事先计划，而是过程中的试错。

好的问题都有这样的特征：既相关又有趣，既不太容易回答，又有可能用现有的材料解决，或至少没有超出我们的能力范围。因此，说到寻找好问题，只是想一想是不够的。在我们对一个想法有足够的了解并做出正确的判断之前，我们必须对它做一些事情，比如对问题进行加工、书写、连接、区分、补充和阐述，而这些刚好都是我们记卡片盒笔记时已经做过的工作。

从自上而下到自下而上

如果说通过计划进行写作的过程是自上而下的，那么通过卡片盒来提出问题、发展主题、进行写作的过程就是自下而上进行的。它拥有一个巨大的优势：我们所使用的想法都嵌入了丰富的上下文中，并且附带了可以使用的素材，而不是凭空产生的。这样做会带来另一个意想不到的收获，那就是我们会对新的想法持更加开放的态度。

我们对已有的想法越熟悉，就会对新想法越开放，这似乎有违常理，但科学史学家们证实了这一点（Rheinberger，1997）。仔细想想，这也是有道理的，如果不对已有的想法进行深入阐释，我们就很难看到它的局限性、缺陷或错误之处。当我们对某个想法非常熟悉之后，就不会再将其误认为是新想法而重复分析，而是能在修改它时充满乐趣，并据此发现新的想法。实际上，我们的大多数想法并没有想象中那么有创新性，但通过自下而上的工作方式，我们将更有能力做出真正的创新。

雅各·沃伦·葛佐斯（Jacob Warren Getzels）和米哈里·契克森米哈赖发现，艺术领域也是如此：具有突破性的新作品很少是由某位自认为具有惊人创新能力的艺术家偶然创作出来的。相反，如果一位艺术家在一个美学"问题"花越多的时间，他的成果就越会被后世的艺术家们认为是富有创造性和突破性的（Getzels and Csikszentmihalyi，1976）。

然而，一个人要想成为最棒的艺术家和科学家，仅仅有开放的心态还不够。杰里米·迪安（Jeremy Dean）写了很多关于常规和习惯的优秀文章，他认为应该把旧的思维方式看作常规思维，如果我们意识不到自己的常规思维，就不能奢望去打破它了（Dean, 2013）。

在兴趣的驱动下完成任务

毫无疑问，学习动机是优秀学生最重要的指标之一，仅次于他们掌控自己学习过程的感觉。比如：即使是高智商的学生，如果学习失败了，最常见的原因通常是在学习过程中看不到他们应该学习的东西的意义所在（Balduf, 2009），并且没有将其与个人目标联系起来（Glynn et al., 2009），或者缺乏控制自己学习的能力和条件（Reeve and Jan, 2006; Reeve, 2009）。这些发现是学术自由的重要论据。如果我们被一个看似不值得做的项目困住，会非常沮丧；而看到我们认同的项目在推进，则会让我们备受鼓舞。

如果我们还没有太多头绪，就贸然投入到一个长期的项目中，会很容易对将要做的事情失去兴趣。因此，我们可以采用灵活的组织方式，在必要的时候改变前进的方向，从而大大降低这种情况发生的风险。

因此，在工作的每一步，我们都可以问自己："这件事有什么有趣的地方？"或在阅读时常常问自己："与这件事相关的事情中，哪些值得我们记录下来？"那么，除了根据兴趣挑选信息，我们还可以对工作中遇到的问题进行详细阐释，发掘出我们以前不知道的方面，从而延伸自己的兴趣。如果我们在做研究时保持兴趣一成不变，那就太可悲了。

与通过坚持计划来控制环境的做法不同，我们可以适时地改变工作方向，这样也可以让我们避免失去对工作的兴趣。例如，发现 DNA 结构的研究项目最初是为了找到治疗癌症的方法，但科学家们并没有遵循最初的计划，而是按照自己的直觉和兴趣，选择了最有希望的那个研究方向，这就是研究计划的实际执行情况。而如果他们坚持自己的承诺，不仅可能找不到治疗癌症的方法，也绝不会发现 DNA 的结构（Rheinberger, 1997），更有可能的是，他们会丧失对工作的兴趣。可以说，他们在完成整个 DNA 结构项目的那一刻，才完成了对这个项目的实际规划。

把"写作"这个大任务分解成一个个具体的小任务，我们就能够切实地在某个时间点及时完成任务，然后进行下一步工作，由此对工作进行控制，并在必要时改变前进的方向。这不仅仅是感觉一切在掌控之中，而是切实地把工作安排在控制之下。我们越能控制自己的工作，引导我们的工作向着我们认为有趣的、相关的方向发展，就越不需要调用意志力去强迫自己完成这件事情。只有这样，工作本身才能成为动力的源泉，这对工作的可持续发展至关重要。

"当人们能够自主选择做什么时，就会有更多的精力去完成后续任务。而自主选择是否会激活或增强后续任务中的自我调节能力，也值得我们继续研究和关注。例如，当面对新任务时，什么样的自主选择能够提高人们的积极性？我们认为，选择的性质可能是影响因素之一：一方面，如果是不重要的或不受重视的任务，即使没有选择的压力，自主选择也不会让人更具有活力，反而会消耗人们的精力；另一方面，如果面对的任务对个人非常有价值，那么自主选择就确实可能激励人们前进。"（Moller, 2006）

组织工作任务，引导项目向最有前景的方向发展，不仅可以让我们专注的时间更长，事实上还可以让我们获得更多的乐趣（Gilbert, 2006）。[1]

完稿和修订

至此，使用卡片盒进行写作的主要工作已经完成了，下面我们

---

[1] 如果您不相信的话，那么还有一个事实是，一切事物尽在掌控的感觉可能会延长您的寿命（Langer and Rodin, 1976; Rodin and Langer, 1977）。同样也可以从反面理解这句话：失去控制权会对您的健康产生负面影响（M. G. Marmot et al., 1997）。作为简短概述，请参阅 Michael G. Marmot, 2006。

再谈谈两个关键点。

第一个关键点：确保文本具有结构化和灵活性。卡片盒非常适合试验各种想法和产生新的想法，但现在我们需要把想法组织成线性的文本，而关键是要可视化地确定草稿的结构。但这并不是要立刻确定在哪些章节写什么，而是要先确定文稿的某一部分不写什么。通过观察（初步）结构，我们可以看到文稿的其他部分是否会提到这一内容。以往当我们面对"空白屏幕"开始写作时，要决定的是用什么填满页面；但这里恰好相反，由于我们手头的资料太多了，我们不得不抑制住自己想把所有内容都用上的冲动。

在整理与某个特定项目相关的笔记时，能有一个独立的、专门为该项目准备的地方至关重要，大纲类软件能帮助我们制订一个大致的结构，同时能保持内容的灵活性。文章并不是存放内容的容器，它的结构是其内容的一部分，并且会在写作过程中不断变化。当结构不再有大的变化时，我们就可以愉快地称"结构"为"目录"了。考虑到最后仍然有可能改变章节的顺序，所以我们最好只是把这个目录当作设计文章结构的参考指南，而非执行准则。

第二个关键点：尝试同时写多个项目的手稿，这样才能发挥出卡片盒的真正威力。从某种程度上看，卡片盒有点像化工行业所说的"一体化"（Verbund）。一般情况下，生产线不可避免地都会有一些副产品，但是在这种环境下，一条生产线的副产品可以成为另一条生产线的原料，而另一条生产线的副产品又可以用于其他工序。以此类推，直到生产线网络能够高效地组织在一起，那么其他采取孤立生产方式的工厂就再也没有机会与之竞争了。[1]

类似地，我们在阅读和写作的过程中，也不可避免会产生很多意想不到的副产品，即使它们与我们当前的项目并不直接相关，我们也可以将它们用在以后的其他相关项目上。并非所有想法都适用于同一篇文章，实际上，在我们看到的信息中，只有一部分对当前的项目有用。

如果我们读了一些有趣的笔记，但它们与当前的项目并不直接相关，我们也可以将它们用在其他相关项目或以后可能开展的项目上。卡片盒中的所有笔记都有可能用在我们以后的文章中。当我们将可能用到的写作材料都写成卡片笔记并收集到卡片盒中时，就会对处于不同完成状态的多个项目产生帮助。当我们专注于一个项目时，产生的副产品材料可能有助于推进其他论文或书籍的编写，而当我们在这个项目上遇到瓶颈或产生厌倦的时候，就可以切换到其他项目。

---

[1] 第一个也是最发达的"一体化"位于德国路德维希港。它隶属于全球最大的化工公司巴斯夫，尽管它位于工资和社会保障成本都很高的发达国家，但它是全球利润最稳定的公司之一。

记住，卢曼对于他如何能够如此高产的回答是，他从不强迫自己做任何事情，而只做那些对他来说容易做到的事情。"每当我思路卡顿的时候，我就会离开它，转头去做别的事情。"有人问他当被某个项目困住时会做什么其他的事情，他回答道，"嗯，写其他的书。我总是在同时创作不同的稿件。用这种同时进行不同项目的方法，我从来不会遇到任何心理障碍。"（Luhmann, Baecker, and Stanitzek, 1987）这就像武术，如果我们遇到阻力或攻击，要懂得借力打力使之促成另一个目标。卡片盒就是如此，永远能为我们提供多种可能性。

放弃做计划才能成为专家

还有一个真相不容忽视，那就是学生们做计划的能力很差。

心理学家罗杰·比勒、戴尔·格里芬和迈克尔·罗斯要求参与实验的学生：

1. 实事求是地估计完成论文所需的时间。

2. 如果实际情况如下，重新估计还需多少时间能完成论文：
（1）如果一切顺利；
（2）如果所有可能出错的环节都出错了。

有趣的是，在预估完成论文所需时间时，大多数学生所谓实事求是的估计，与他们在第二步一切进展顺利时的估计差不多——光这一点就非常值得他们思考了。而研究人员检查后发现，学生们实际花费的时间要比他们自己估计的时间长很多，甚至大多数学生的实际用时超出了他们对最坏情况下的估计时间（Buehler, Griffin and Ross, 1994 ）。

心理学家们在一年后又进行了另一项研究，更仔细地观察了这一现象。他们要求学生们提供有 50%、70% 和 99% 的把握完成论文所需要的时间。结果仍然令人困惑，尽管学生们可以自由作答，却只有 45% 的学生在他们认为在任何情况下都有99% 的把握在计划时间内成功完成论文。（Buehler, Griffin, and Ross, 1995 ）。你可能会认为，提醒学生们上次的失败经历可能会对他们有所帮助，研究人员也是这么想的，但结果证明经验似乎并不能教会学生什么。

但有一点令人欣慰，即这与学生的身份无关，而与做人有关。甚至那些研究这种过度自信偏见现象的人也承认自己会犯这样的错误（Kahneman, 2013 ）。

我们要吸取的教训是，需要对计划持普遍的怀疑态度，尤其是当计划仅仅关注结果，而不关注实际工作和实现目标所需的步骤。虽然把自己想象成一个能够及时完成论文的伟大作者对我们完成论文并没有什么帮助，但如果我们在头脑中对达到目标所需要做的事情有一个切合实际的想法，那就不一样了。我们从体育运动中知道，当运动员把自己想象成比赛的胜利者时，对实际比赛并没有什么帮助；但如果他们能想象出为了能够赢得比赛而必须进行的所有训练，结果就会有很大的不同。脑海里有一个更现实的想法，不仅能帮助他们更好地表现，还能提高他们的积极性（Singer et al., 2001）。现在我们知道，这不仅对运动员如此，对任何需要努力和耐力的工作也是如此（Pham and Taylor, 1999）。而写作绝对属于这类工作。

另一个教训是，不是说我们无法从经验中获得成长，而是说只有获得即时反馈的经验才能让我们得到成长，并且可能需要不止一次的经验。把"写论文"这个大的挑战分解成小而便于管理的任务，有助于设定实际可行且可以定期检查的目标。比如，每天写 3 条笔记，回顾昨天写过的段落，或者阅读我们在某篇论文中发现的所有相关文献，这样，一天结束时，我们就能确切地知道我们能做多少事情，进而调整第二天的计划。如果我们在一年里能获得数百次这样的反馈，就更有可能从经验中学到知识，能更准确地认识自己的工作效率，而不是高估自己的能力，导致超出截止日期也没能完成任务，然后过段时间又重复发生这样的情况。

相反，如果有人认为按照先找课题，后做文献研究，接着是阅读、思考、写作和校对等这种线性计划分阶段的执行，就可以写出一篇论文，毫无疑问，基于这种不切实际的假设所做的任何时间安排都是不现实的。在做研究时，我们可能会发现最初的想法并没有想象中那么好；在阅读时，我们可能会发现还需要阅读其他文献，而这正是我们发现文献的方式；在写下论点时，我们可能会发现还需要考虑其他情况，改变最初的想法，或者重新读尚未完全理解的文章。所有这些都不足为奇，但原先那些宏伟的计划都会被它们打乱。依赖线性的计划进行工作，问题不只是完成一个阶段可能需要的时间比计划得要长，而是我们绝无可能提前完成阶段任务。如果只是判断错误的问题，那么有低估用时的情况，就应该也有高估的情况，但不幸的是，我们一直都是低估了用时。

根据著名的帕金森定律，工作时预留再多的时间都不会有剩余，就像空气会充满房间的每一个角落一样（Parkinson, 1957）。这一定律适用于那些需要较长时间去完成的任务，而不适用于那些可以一次性完成的任务。这也是由于前面提到的蔡格尼克效应的存在（Zeigarnik, 1927），即如果任务没有被完成（或被写下来），就会一直停留在我们的大脑里。对于可以一次性解决的任务来说，我们可以看到任务的终点，就会加速完成它，就像跑马拉松一样。所以，解决这种任务最重要的一步是开始，所以仪式感能起到作用，也是这个原因（Currey, 2013）。

最大的区别就在于你所面临的任务，是否需要很长时间来完成。如果任务是"记一条笔记""收集这篇文章中有趣的内容"

或者是"把这一系列的笔记整合成一段话",就很容易完成；而如果是像"继续写那篇逾期的论文"这样一个不具体、不明确的任务，执行起来就困难得多。

反复修改

有人问海明威，他会修改多少次初稿。

他的回答是："这要看情况了。我把《永别了，武器》这本书的结尾，也就是最后一页，重写了 39 次才满意。"

采访者问："是不是有什么技术问题？是什么原因让你犯了难？"

海明威回答说："为了找到更正确的词汇。"（Paris Review, 1956）

如果说有一条建议值得一提，那就是牢记草稿只是草稿。斯拉沃热·齐泽克在接受采访[1]时说，如果他一开始不说服自己，只是为了自己才写下一些想法，他可能一句话都写不出来，也

---

[1] 见电影《齐泽克！》（USA 2005; Astra Taylor）。

不可能通过这些出书了。他总是惊奇地发现，当停止写下想法的时候，剩下的唯一任务就是修改已经写好的草稿。

在修改草稿的过程中，最难的任务是删除那些对论点没用的东西，就像"杀死你的挚爱"一样痛苦[1]。如果不想那么痛苦，可以把那些不适用的内容转移到另一个文档中，并告诉自己以后再用它们。例如，我在写文档时，总会另建一个名叫"XX-剩余部分 .doc"的文档，当我需要删掉一些用不着的内容时，就会把这些内容复制到这个文档中，告诉自己之后会再审读它们，并且把它们用到其他合适的地方。当然，我从来没有再看过这些文档，但这样做确实让我修改草稿时更容易了。其他略懂心理学的人也是这样做的（Thaler, 2015 ）。

---

[1] William Faulkner, Allen Ginsberg, Oscar Wilde, Stephen King 等人均有过类似言论。似乎是评论家 Arthur Quiller-Couch 在 1914 年告诉剑桥大学的学生时第一次提到了这一点："如果您需要我的实际经验，我会这么说：每当您萌发了写一篇非常出色作品的冲动时，请全完遵从自己的内心，然后在把稿件发给编辑之前删除它。杀死你的挚爱。"（Quiller-Couch, 2006 ）

养成习惯

"所有的行为指南和知名人士的演讲都在重复一个极其错误的道理，即我们应该养成思考所做事情的习惯。但事实恰恰相反，文明的进步，在于不断增加那些我们能够不假思索地做事情的数目。"（Whitehead）[1]

预测我们近期行为的最可靠因素居然是做这件事的意图。但遗憾的是，目标只能决定我们很短时间内的行为。例如，如果我们现在想去健身房，那就可能真的会去。但如果是长期的行为，研究人员很难在目标和实际行为之间找到任何可量化的联系（Ji

---

[1] 艾尔弗雷德·诺思·怀特海（Alfred North Whitehead），1911。

and Wood, 2007; Neal et al., 2012）。不过也有一种例外：如果我们想做的事情碰巧是过去经常做的，那我们肯定会按照我们的意图行事。

预测一个人的长期行为非常简单。我们大概率会在一个月、一年或者两年内持续做那些我们过去做过的事情，比如像从前一样吃很多巧克力，像从前一样去健身房，以及像从前一样经常跟伴侣争吵。换句话说，好的意图通常不会持续太久。

> "在预测自己未来七天的行为时，那些拥有最长期的习惯的人对自己的预测最自信，但预测结果最不准确的也是这些人。这个发现令人惊讶，因为它暗示了习惯带来的一个弊端，就是当我们反复做一件事时，这种熟练感会影响我们对行为的判断，让我们误以为自己拥有足够的控制能力，而实际上这种控制能力并没有多少。这是另一个例子用于说明我们的思维过程与直觉期望是以相反的方式运作的。"（Dean, 2013）

旧习惯或直觉并不总是靠得住，因此要培养新的记笔记的习惯。但是，由于前文提到的曝光效应的存在，我们越是习惯某种做事方式，就越觉得自己能掌控它，实际上我们并不具备想象中的掌控能力。因此，如果想要改变长久以来的行为，我们要从一开始就认识到改变行为的困难（Dean, 2013）。

培养新习惯的诀窍在于，不要试图与旧习惯决裂，也不要指望通过意志力逼迫自己去做，而是要有策略地建立新习惯，并逐步取代旧习惯。

读完这本书以后，希望能够养成新的记笔记的习惯。每当我们阅读时，就拿起纸和笔，把最重要、最有趣的内容记下来。有了这个习惯以后，我们就能在卡片盒里将这些发现转化为永久笔记，并与卡片盒里的其他笔记联系起来。只要我们养成了这种新习惯，就可以毫不费力地凭直觉做事，借助卡片盒这个外部大脑进行思考。

当别人看书就只是在一些句子下画线，或者做一些不系统的笔记，最后这些笔记没有派上用场，在掌握了卡片笔记写作法以后，就会替这些人难过。

卡片笔记写作法
How To Take Smart Notes

后记

本书所介绍的卡片笔记写作法非常有效，许多成功的作家、艺术家和学者也都在使用某种形式的卡片笔记，这本书也是借助卡片盒笔记写出来的。例如，一条包含"科技、接受问题"的笔记帮我指出，在一本关于集装箱历史的书中，可以找到人们难以运用卢曼卡片盒的原因。我当然不是为了写这本关于高效写作的书而专门去找这个例子，这只是卡片盒为我指出的众多想法和联系中的一个。我的经历表明，卡片盒不仅有助于提高写作效率，也有助于严谨求学类内容的长期学习。这本来是个显而易见的道理，但我却没有立刻发现它。直到我最近记录关于学习实验的笔记时，我才意识到我并不是证明了这套方法，我只是把已经被证明是最有效的东西付诸实践罢了。不过，当然有时候我也会有一些自己的原创想法。

本书所介绍的写作方法，曾帮助卢曼成为20世纪最富有成效、最具创新性的社会理论家之一。虽然有越来越多的学者和非虚构类作家已经注意到了这个方法，但对于大多数学生和作者来说，仍然难以接受。这其中有许多原因。主要原因在于，书中介绍的以自己的理解和兴趣为导向的、长期的、跨主题的笔记结构，与大学里模块化、分门别类、自上而下的课程组织方式有很大的区别。尽管我们对学习方式和记忆方式的理解已经发生了根本性的变化，但学校的教育仍然在教大家通过复习去学习，而不是鼓励学生通过独立地在异质化的信息之间建立网络来学习。关于创新方法的讨论也有很多，但如果不改变实际的工作流程，这些就都是空谈。一些看似创新的想法，由于仍然忽视外部工具对思考的促进作用，往往也是弊大于利，比如"以学习者为中心"的方法。

实际上，学习者不应该是学习的中心点，卡片笔记写作法的工作流程也不会把学习者作为学习的中心。相反，我们鼓励学习者将自己的思考分散到其他想法所组成的知识网络中。学习、思考和写作不应该是为了积累知识，而是要让自己成为一个具有不同思维方式的人，这就要求我们要根据新的经验和事实，对自己的思维习惯提出质疑。

线性的学习方法和以学习者为中心的学习方法，还让人们对卡片笔记写作法存在一个常见的误解，认为它只是一个单纯的工具，在使用它时，不需要改变以往的工作流程。因此，常常有人把卡片盒当作档案库，简单地用来存取资料，这么做的人当然会感到失望。如果我们只是想存储信息，就没有必要使用卡片盒。而要想从中受益，就需要改变自己的工作流程。前提是要理解卡片盒如何发挥作用，为什么能发挥作用，以及写作的各个步骤与各部分之间的配合机制。这也正是为什么要写这本书，而不只是创作一个实用手册来介绍卢曼卡片盒背后的原理和理念。

卢曼卡片盒的工作方法未被广泛接受的另一个原因是，大多数学生习惯于临时抱佛脚，往往是到了大学课程的最后，到了需要写学士论文、硕士论文或博士论文的时候，到了为写作而苦苦挣扎的时候，才意识到自己原来需要一个好的系统。当然这也会有点帮助，但就像为退休提前进行储蓄一样，如果早点开始的话，对自己的帮助会更大。到最后，学生们的压力都很大，而压力越大、就越会倾向于坚持自己原有的处理方式，即使正是因为原有的处理方式从一开始就在产生问题、导致压力，学生们也很难改变原有的行为。这就是所谓的隧道效应（Mullainathan and Shafir, 2013）。但是，穆来纳森和沙菲尔经过详细的研究，找到了隧道效应的解决办法：如果希望能够有所改变，那么解决方案必须得看起来简单。

不过，好消息是，学会使用卡片笔记写作法并不难。你不需要从零开始，只要在阅读时拿着笔，按照书中的建议，做好卡片笔记，并在笔记之间建立联系，越来越多的想法就会自动涌现出来，你的写作任务也会自然而然地得以推进。阅读、思考、写作，这些是你无论如何都要做的事，只需要在这期间做好笔记，正确放入卡片盒，这些问题就可以迎刃而解了。

卡片笔记写作法
How To Take Smart Notes

参考文献

Ahrens, Sönke. 2014. Experiment and Exploration: Forms of World-Disclosure: From Epistemology to Bildung. Contemporary Philosophies and Theories in Education, volume 6. Dordrecht: Springer.

Allen, David. 2001. Getting Things Done: The Art of Stress-Free Productivity. New York: Penguin.

Allison, Scott T., and David M. Messick. 1988. "The Feature-Positive Effect, Attitude Strength, and Degree of Perceived Consensus." Personality and Social Psychology Bulletin 14 (2): 231–41.

Anders Ericsson, K. 2008. "Deliberate Practice and Acquisition of Expert Performance: A General Overview." Academic Emergency Medicine 15 (11): 988–94.

Andreasen, Nancy C. 2014. "Secrets of the Creative Brain." The Atlantic, August.

Arnold, Kathleen M., and Kathleen B. McDermott. 2013. "Test-Potentiated Learning: Distinguishing between Direct and Indirect Effects of Tests." Journal of Experimental Psychology: Learning, Memory, and Cognition 39 (3): 940–45.

Balduf, Megan. 2009. "Underachievement Among College Students". Journal of Advanced Academics 20 (2): 274–94.

Baram, T., Y. Chen, C. Burgdorff, and C. Dubé. 2008. "Short-term Stress Can Affect Learning And Memory." ScienceDaily.

Baumeister, R. F., E. Bratslavsky, M. Muraven, and D. M. Tice. 1998. "Ego Depletion: Is the Active Self a Limited Resource?" Journal of Personality and Social Psychology 74 (5): 1252–65.

Birnbaum, Monica S., Nate Kornell, Elizabeth Ligon Bjork, and Robert A. Bjork. 2013. "Why Interleaving Enhances Inductive Learning: The Roles of Discrimination and Retrieval". Memory & Cognition 41 (3): 392–402.

Bjork, Robert A. 2011. "On the Symbiosis of Remembering, Forgetting and Learning." In Successful Remembering and Successful Forgetting: a Festschrift in Honor of Robert A. Bjork, edited by Aaron S. Benjamin, 1–22. New York, NY: Psychology Press.

Bliss, T. V. P., G. L. Collingridge, and R. G. M. Morris, Hrsg. 2004. Long-term Potentiation: Enhancing Neuroscience for 30 Years. Oxford ; New York: Oxford University Press.

Bornstein, Robert F. 1989. "Exposure and Affect: Overview and Meta-Analysis of Research, 1968-1987." Psychological Bulletin 106 (2): 265–89.

Brems, Christiane, Michael R. Baldwin, Lisa Davis, and Lorraine Namyniuk. 1994. "The Imposter Syndrome as Related to Teaching Evaluations and Advising Relationships of University Faculty Members." The Journal of Higher Education 65 (2): 183.

Brown, Peter C., Henry L. Roedinger III, and Mark A. McDaniel. 2014. Make It Stick. Cambridge, MA: Harvard University Press.

Bruner, Jerome S. 1973. Beyond the Information Given: Studies in Psychology of Knowing. Edited by Jeremy M. Anglin. New York: W.W. Norton & Company.

Bruya, Brian, Hrsg. 2010. Effortless Attention: A New Perspective in the Cognitive Science of Attention and Action. Cambridge, Mass: The MIT Press.

Buehler, Roger, Dale Griffin, and Michael Ross. 1994. "Exploring The 'Planning Fallacy:' Why People Underestimate Their Task Completion Times." Journal of Personality and Social Psychology 67 (3): 366–81.

―――. 1995. "It's About Time: Optimistic Predictions in Work and Love." European Review of Social Psychology 6 (1): 1–32.

Burkeman, Oliver. 2013. The Antidote: Happiness for People Who Can't Stand Positive Thinking. Edinburgh: Canongate Books.

Byrne, John H. 2008. Learning and Memory: A Comprehensive Reference, Four-Volume Set. Cambridge, MA: Academic Press.

Carey, Benedict. 2014. How We Learn: The Surprising Truth About When, Where, and Why It Happens. New York: Random House.

Carter, Evan C., and Michael E. McCullough. 2014. "Publication Bias and the Limited Strength Model of Self-Control: Has the Evidence for Ego Depletion Been Overestimated?" Frontiers in Psychology 5 (July).

Clance, Pauline R., and Suzanne A. Imes. 1978. "The Imposter Phenomenon in High Achieving Women: Dynamics and Therapeutic Intervention." Psychotherapy: Theory, Research & Practice 15 (3): 241–47.

Clark, Charles H. 1958. Brainstorming: The Dynamic New Way to Create

Successful Ideas. Garden City, NY: Doubleday & Company.

Cowan, N. 2001. "The Magical Number 4 in Short-Term Memory: A Reconsideration of Mental Storage Capacity." The Behavioral and Brain Sciences 24 (1): 87-114-185.

Csikszentmihalyi, Mihaly. 1975. Beyond Boredom and Anxiety. San Francisco: Jossey-Bass.

Currey, Mason. 2013. Daily Rituals: How Great Minds Make Time, Find Inspiration, and Get to Work. Pan Macmillan.

Darwin, Charles. 1958. The Autobiography of Charles Darwin, 1809-1882: With Original Omissions Restored. Collins.

Dean, Jeremy. 2013. Making Habits, Breaking Habits: Why We Do Things, Why We Don't, and How to Make Any Change Stick. Boston, MA: Da Capo Press.

DePasque, Samantha, and Elizabeth Tricomi. 2015. "Effects of Intrinsic Motivation on Feedback Processing During Learning." NeuroImage 119 (October): 175–86.

Dobrynin, Nikolaj Fyodorovich. 1966. "Basic Problems of the Psychology of Attention: Psychological Science in the USSR." In U.S. Dept. of Commerce, Clearinghouse for Federal Scientific and Technical Information, 274–91. Washington, DC.

Doyle, Terry. 2008. Helping Students Learn in a Learner-Centered Environment: A Guide to Facilitating Learning in Higher Education. Sterling, Virginia: Stylus Publishing.

Doyle, Terry, and Todd Zakrajsek. 2013. The New Science of Learning: How to Learn in Harmony With Your Brain. Sterling, Virginia: Stylus Publishing.

Duck worth, Angela L., and Martin E. P. Seligman. 2005. "Self-Discipline Outdoes IQ in Predicting Academic Performance of Adolescents", Psychological Science 16 (12): 939-44.

Dunlosky, John, Katherine A. Rawson, Elizabeth J. Marsh, Mitchell J. Nathan, and Daniel T. Willingham. 2013. "Improving Students' Learning With Effective Learning Techniques Promising Directions From Cognitive and Educational Psychology." Psychological Science in the Public Interest 14 (1): 4–58.

Dweck, Carol S. 2006. Mindset: The New Psychology of Success. New York: Random House.

————. 2013. Self-Theories: Their Role in Motivation, Personality, and Development. New York: Psychology Press.

Ebbinghaus, Hermann. (1885). Über das Gedächtnis: Untersuchungen zur experimentellen Psychologie. Berlin: Duncker & Humblot.

Engber, Daniel, and Christina Cauterucci. 2016. "Everything Is Crumbling." Slate, March 6.

Ericsson, K. Anders, Ralf T. Krampe, and Clemens Tesch-Römer. 1993. "The Role of Deliberate Practice in the Acquisition of Expert Performance." Psychological Review 100 (3): 363-406.

Fehrman, Craig. 2011. "The Incredible Shrinking Sound Bite."

Feynman, Richard P. 1963. "The Problem of Teaching Physics in Latin America."

————. 1985. "Surely You're Joking, Mr. Feynman!": Adventures of a Curious Character. New York: W.W. Norton.

Fishbach, Ayelet, Tal Eyal, and Stacey R. Finkelstein. 2010. How Positive and

Negative Feedback Motivate Goal Pursuit: Feedback Motivates Goal Pursuit. Social and Personality Psychology Compass, 4(8), 517–530.

Fleck, Ludwik. 1979. The Genesis and Development of a Scientific Fact, edited by T.J. Trenn and R.K. Merton, foreword by Thomas Kuhn. Chicago: University of Chicago Press.

Flyvbjerg, Bent. 2001. Making social science matter: Why Social Inquiry Fails and How It Can Succeed Again. Oxford, UK; New York: Cambridge University Press.

Franklin, Benjamin. 1840. Memoirs of Benjamin Franklin. Edited by William Duane. McCarty & Davis.

Fritzsche, Barbara A., Beth Rapp Young, and Kara C. Hickson. 2003. "Individual Differences in Academic Procrastination Tendency and Writing Success". Personality and Individual Differences 35 (7): 1549–57.

Gadamer, Hans-Georg. 2004. Truth and Method. 2nd rev. edition. Trans. J. Weinsheimer and D. G. Marshall. New York: Crossroad.

Gawande, Atul. 2002. Complications: A Surgeon's Notes on an Imperfect Science. New York: Metropolitan Books.

———. 2010. The Checklist Manifesto: How to Get Things Right. New York: Metropolitan Books.

Getzels, Jacob Warren, and Mihaly Csikszentmihalyi. 1976. The Creative Vision: A Longitudinal Study of Problem Finding in Art. New York: Wiley.

Gigerenzer, Gerd. 2008. Gut Feelings: The Intelligence of the Unconscious. New York: Viking Penguin.

Gilbert, Daniel Todd. 2006. Stumbling on Happiness. New York: A.A. Knopf.

Glynn, Shawn M., Gita Taasoobshirazi, and Peggy Brickman. 2009. "Science

Motivation Questionnaire: Construct Validation with Nonscience Majors". Journal of Research in Science Teaching 46 (2): 127–46.

Goldstone, Robert L., and Uri Wilensky. 2008. "Promoting Transfer by Grounding Complex Systems Principles." Journal of the Learning Sciences 17 (4): 465–516.

Govorun, Olesya, and B. Keith Payne. 2006. "Ego–Depletion and Prejudice: Separating Automatic and Controlled Components". Social Cognition 24 (2): 111–136.

Granovetter, Mark S. 1973. "The Strength of Weak Ties." American Journal of Sociology 78 (6): 1360–80.

Gunel, Murat, Brian Hand, and Vaughan Prain. 2007. "Writing for Learning in Science: A Secondary Analysis of Six Studies." International Journal of Science and Mathematics Education 5 (4): 615–37.

Hagen, Wolfgang. 1997. Die Realität der Massenmedien. Radio Bremen im Gespräch mit Niklas Luhmann.

Hallin, Daniel C. 1994. We Keep America on Top of the World: Television Journalism and the Public Sphere. London; New York: Routledge.

Hearn, Marsha Davis, Tom Baranowski, Janice Baranowski, Colleen Doyle, Matthew Smith, Lillian S. Lin, and Ken Resnicow. 1998. "Environmental Influences on Dietary Behavior among Children: Availability and Accessibility of Fruits and Vegetables Enable Consumption". Journal of Health Education 29 (1): 26–32.

Hollier, Denis. 2005. "Notes (on the Index Card)." October 112 (April): 35–44.

Inzlicht, M., L. McKay, and J. Aronson. 2006. "Stigma as Ego Depletion: How Being the Target of Prejudice Affects Self-Control". Psychological Science 17 (3): 262–69.

Inzlicht, Michael, and Malte Friese. 2019. "The Past, Present, and Fucture of Ego Depletion." Social Psychology 50 (5-6): 370-78.

James, William. 1890. The Principles of Psychology. New York: H. Holt and Company.

Jang, Yoonhee, John T. Wixted, Diane Pecher, René Zeelenberg, and David E. Huber. 2012. "Decomposing the Interaction Between Retention Interval and Study/Test Practice: The Role of Retrievability." The Quarterly Journal of Experimental Psychology 65 (5): 962–75.

Ji, Mindy F., and Wendy Wood. 2007. "Purchase and Consumption Habits: Not Necessarily What You Intend." Journal of Consumer Psychology 17 (4): 261–76.

Job, V., C. S. Dweck, and G. M. Walton. 2010. "Ego Depletion – Is It All in Your Head? Implicit Theories About Willpower Affect Self-Regulation." Psychological Science 21 (11): 1686–93.

Johnson, Steven. 2011. Where Good Ideas Come from: The Natural History of Innovation. 1. paperback ed. New York: Riverhead Books.

Kahneman, Daniel. 2013. Thinking, Fast and Slow. Reprint edition. New York: Farrar, Straus and Giroux.

Kant, Immanuel. 1784. "What is Enlightenment?" Translated by Mary C. Smith. 1991.

Karpicke, Jeffrey D., Andrew C. Butler, and Henry L. Roediger III. 2009. "Metacognitive Strategies in Student Learning: Do Students Practise Retrieval When They Study on Their Own?" Memory 17 (4): 471–79.

Kornell, Nate, and Robert A. Bjork. 2008. "Learning Concepts and Categories: Is Spacing the 'Enemy of Induction'?" Psychological Science 19 (6): 585–92.

Kruger, Justin, and David Dunning. 1999. 'Unskilled and Unaware of It: How Difficulties in Recognizing One's Own Incompetence Lead to Inflated Self-Assessments'. Journal of Personality and Social Psychology 77 (6): 1121–34.

Kruse, Otto. 2005. Keine Angst vor dem leeren Blatt: ohne Schreibblockaden durchs Studium. Frankfurt/Main: Campus.

Langer, E. J., and J. Rodin. 1976. "The Effects of Choice and Enhanced Personal Responsibility for the Aged: A Field Experiment in an Institutional Setting." Journal of Personality and Social Psychology 34 (2): 191–98.

Latour, Bruno, and Steve Woolgar. 1979. Laboratory Life: The Social Construction of Scientific Facts. Beverly Hills: Sage Publications.

Levin, Mary E., and Joel R. Levin. 1990. "Scientific Mnemonomies: Methods for Maximizing More Than Memory". American Educational Research Journal 27 (2): 301–21.

Levinson, Marc. 2006. The Box: How the Shipping Container Made the World Smaller and the World Economy Bigger. Princeton, N.J: Princeton University Press.

Levy, Neil. 2011. "Neuroethics and the Extended Mind." In Judy Illes and B. J. Sahakian (Ed.), Oxford Handbook of Neuroethics, 285–94, Oxford University Press.

Lichter, S. Robert. 2001. "A Plague on Both Parties Substance and Fairness in TV Election News". The Harvard International Journal of Press/Politics 6 (3): 8–30.

Loewenstein, Jeffrey. (2010). How One's Hook Is Baited Matters for Catching an Analogy. In B. H. Ross (Ed.), The Psychology of Larning and Motivation: Advances in Research and Theory, 149–182. Amsterdam: Academic Press.

Lonka, Kirsti. 2003. "Helping Doctoral Students to Finish Their Theses." In

Teaching Academic Writing in European Higher Education, edited by Lennart Björk, Gerd Bräuer, Lotte Rienecker, and Peter Stray Jörgensen, 113–31. Studies in Writing 12. Springer Netherlands.

Luhmann, Niklas. 1992. "Kommunikation mit Zettelkästen. Ein Erfahrungsbericht." In Universität als Milieu. Kleine Schriften., edited by André Kieserling, 53–61. Bielefeld: Haux.

———. 1997. Die Gesellschaft der Gesellschaft. Frankfurt am Main: Suhrkamp.

———. 2000. "Lesen Lernen." In Short Cuts, 150–57. Frankfurt am Main: Zweitausendeins.

———. 2005. Einführung in die Theorie der Gesellschaft. Heidelberg: Carl Auer.

Luhmann, Niklas, Dirk Baecker, and Georg Stanitzek. 1987. Archimedes und wir: Interviews. Berlin: Merve.

Lurija, Aleksandr Romanovič. 1987. The Mind of a Mnemonist: A Little Book about a Vast Memory. Cambridge MA: Harvard University Press.

MacLeod, Colin M. 2007. "The Concept of Inhibition in Cognition." In Inhibition in Cognition, edited by David S. Gorfein and Colin M. MacLeod, 3–23. Washington: American Psychological Association.

Mangel, Marc, and Francisco J. Samaniego. 1984. "Abraham Wald's Work on Aircraft Survivability." Journal of the American Statistical Association 79 (386): 259–67.

Manktelow, K. I., and Kenneth J. W Craik, (Ed.). 2004. "The History of Mental Models." In Psychology of Reasoning: Theoretical and Historical Perspectives, 179–212. New York: Psychology Press.

Markman, K. D., M. J. Lindberg, L. J. Kray, and A. D. Galinsky. 2007. "Implications of Counterfactual Structure for Creative Generation and Analytical Problem Solving." Personality and Social Psychology Bulletin 33 (3): 312–24.

Marmot, M. G., H. Bosma, H. Hemingway, E. Brunner, and S. Stansfeld. 1997. "Contribution of Job Control and Other Risk Factors to Social Variations in Coronary Heart Disease Incidence." Lancet 350 (9073): 235–39.

Marmot, Michael G. 2006. "Status Syndrome: A Challenge to Medicine." JAMA 295 (11): 1304–7.

Maslow, Abraham H. 1966. The Psychology of Science. Chapel Hill, NC: Maurice Bassett.

Mata, J., Todd, P. M., Lippke, S. 2010. When Weight Management Lasts. Lower Perceived Rule Complexity Increases Adherence. Appetite, 54(1), 37–43.

McDaniel, Mark A., and Carol M. Donnelly. 1996. "Learning with Analogy and Elaborative Interrogation." Journal of Educational Psychology 88 (3): 508–19.

McMath, Robert M., and Thom Forbes. 1999. What Were They Thinking? New York: Crown Business.

Miller, George A. 1956. "The magical number seven, plus or minus two: some limits on our capacity for processing information." Psychological Review 63 (2): 81–97.

Moller, A. C. 2006. "Choice and Ego-Depletion: The Moderating Role of Autonomy". Personality and Social Psychology Bulletin 32 (8): 1024–36.

Mueller, P. A., and D. M. Oppenheimer. 2014. "The Pen Is Mightier Than the Keyboard: Advantages of Longhand Over Laptop Note Taking." Psychological

Science 25 (6): 1159–68.

Mullainathan, Sendhil, and Eldar Shafir. 2013. Scarcity: Why Having Too Little Means So Much. London: Penguin UK.

Mullen, Brian, Craig Johnson, and Eduardo Salas. 1991. "Productivity Loss in Brainstorming Groups: A Meta-Analytic Integration." Basic and Applied Social Psychology 12 (1): 3–23.

Munger, Charles. 1994. "A Lesson on Elementary, Worldly Wisdom as it Relates to Investment Management & Business." Speech given at USC Business School.

Muraven, Mark, Dianne M. Tice, and Roy F. Baumeister. 1998. "Self-Control as a Limited Resource: Regulatory Depletion Patterns". Journal of Personality and Social Psychology 74 (3): 774–89.

Nassehi, Armin. 2015. Die letzte Stunde der Wahrheit. Warum rechts und links keine Alternativen mehr sind und Gesellschaft ganz anders beschrieben werden muss. Hamburg: Murmann.

Neal, David T., Wendy Wood, Jennifer S. Labrecque, and Phillippa Lally. 2012. "How Do Habits Guide Behavior? Perceived and Actual Triggers of Habits in Daily Life." Journal of Experimental Social Psychology 48 (2): 492–98.

Newman, Joseph, William T. Wolff and Eliot T. Hearst. 1980. "The Feature-Positive Effect in Adult Human Subjects." Journal of Experimental Psychology. Human Learning and Memory 6 (5): 630–50.

Nickerson, Raymond S. 1998. "Confirmation Bias: A Ubiquitous Phenomenon in Many Guises." Review of General Psychology 2 (2): 175–220.

Ophir, Eyal, Clifford Nass and Anthony D. Wagner. 2009. "Cognitive Control in Media Multitaskers." Proceedings of the National Academy of Sciences 106 (37): 15583–87.

Oppenheimer, Daniel M. 2006. "Consequences of Erudite Vernacular Utilized Irrespective of Necessity: Problems with Using Long Words Needlessly". Applied Cognitive Psychology 20 (2): 139–56.

Painter, James E, Brian Wansink, and Julie B. Hieggelke. 2002. "How Visibility and Convenience Influence Candy Consumption". Appetite 38 (3): 237–38.

Parkinson, Northcote C. 1957. Parkinson's Law and Other Studies of Administration. Cambridge - Massachusetts: The Riverside Press.

Peters, Sibylle, and Martin Jörg Schäfer. 2006. "Intellektuelle Anschauung - unmögliche Evidenz." In Intellektuelle Anschauung. Figurationen von Evidenz zwischen Kunst und Wissen, edited by Sibylle Peters and Martin Jörg Schäfer, 9–21. Bielefeld.

Pham, Lien B., and Shelley E. Taylor. 1999. "From Thought to Action: Effects of Process-Versus Outcome-Based Mental Simulations on Performance." Personality and Social Psychology Bulletin 25 (2): 250–60.

Quiller-Couch, Arthur. 2006. On the Art of Writing. Mineola, NY: Dover Publications.

Rassin, Eric G. C. 2014. "Reducing the Feature-Positive Effect by Alerting People to Its Existence." Learning & Behavior 42 (4): 313–17.

Ratey, John J. 2008. Spark: The Revolutionary New Science of Exercise and the Brain. New York: Little, Brown & Company.

Reeve, Johnmarshall. 2009. "Why Teachers Adopt a Controlling Motivating Style Toward Students and How They Can Become More Autonomy Supportive". Educational Psychologist 44 (3): 159–75.

Reeve, Johnmarshall, and Hyungshim Jang. 2006. "What Teachers Say and Do to Support Students' Autonomy during a Learning Activity." Journal of

Educational Psychology 98 (1): 209–18.

Rheinberger, Hans-Jörg. 1997. Toward a History of Epistemic Things: Synthesizing Proteins in the Test Tube. Stanford, Calif: Stanford University Press.

Rickheit, Gert, and C. Sichelschmidt. 1999. "Mental Models: Some Answers, Some Questions, Some Suggestions". In Mental Models in Discourse Processing and Reasoning, edited by Gert Rickheit and Christopher Habel, 6–40. Cambridge, MA: Elsevier.

Rivard, Lé Onard P. 1994. "A Review of Writing to Learn in Science: Implications for Practice and Research." Journal of Research in Science Teaching 31 (9): 969–83.

Robinson, Francis Pleasant. 1978. Effective Study. 6thed. New York: Harper & Row.

Rodin, Judith, and Ellen J. Langer. 1977. "Long-term effects of a control-relevant intervention with the institutionalized aged." Journal of Personality and Social Psychology 35 (12): 897–902.

Roediger, Henry L., and Jeffrey D. Karpicke. 2006. "The Power of Testing Memory: Basic Research and Implications for Educational Practice." Perspectives on Psychological Science 1 (3): 181–210.

Rosen, Christine. 2008. "The Myth of Multitasking." The New Atlantic Spring (20): 105–10.

Rothenberg, Albert. 1971. "The Process of Janusian Thinking in Creativity." Archives of General Psychiatry 24 (3): 195–205.

———. 1996. "The Janusian Process in Scientific Creativity." Creativity Research Journal 9 (2–3): 207–31.

———. 2015. Flight from wonder: an investigation of scientific creativity. Oxford; New York: Oxford University Press.

Ryfe, David M., and Markus Kemmelmeier. 2011. "Quoting Practices, Path Dependency and the Birth of Modern Journalism." Journalism Studies 12 (1): 10–26.

Sachs, Helmut. 2013. Remember Everything You Want and Manage the Rest: Improve Your Memory and Learning, Organize Your Brain, and Effectively Manage Your Knowledge. Amazon Digital Services.

Sainsbury, Robert. 1971. "The 'Feature Positive Effect' and Simultaneous Discrimination Learning." Journal of Experimental Child Psychology 11 (3): 347–56.

Schacter, Daniel L. 2001. The Seven Sins of Memory: How the Mind Forgets and Remembers. Boston: Houghton Mifflin.

Schacter, Daniel L., Joan Y. Chiao, and Jason P. Mitchell. 2003. "The Seven Sins of Memory. Implications for Self". Annals of the New York Academy of Sciences 1001 (1): 226–39.

Schmeichel, Brandon J., Kathleen D. Vohs, and Roy F. Baumeister. 2003. "Intellectual Performance and Ego Depletion: Role of the Self in Logical Reasoning and Other Information Processing". Journal of Personality and Social Psychology 85 (1): 33–46.

Schmidt, Johannes F.K. 2013. "Der Nachlass Niklas Luhmanns – eine erste Sichtung: Zettelkasten und Manuskripte." Soziale Systeme 19 (1): 167–83.

———. 2015. "Der Zettelkasten Niklas Luhmanns als Überraschungsgenerator." In Serendipity: Vom Glück des Findens. Köln: Snoeck.

Schwartz, Barry. 2007. The Paradox of Choice. New York: HarperCollins.

Searle, John R. 1983. Intentionality, an Essay in the Philosophy of Mind. Cambridge; New York: Cambridge University Press.

Shapin, Steven. 1996. The Scientific Revolution. Chicago, IL: University of Chicago Press.

Singer, R., D. S. Downs, L. Bouchard, and D. de la Pena. 2001. "The Influence of a Process versus an Outcome Orientation on Tennis Performance and Knowledge." Journal of Sport Behavior 24 (2): 213–22.

Stein, Barry S., Joan Littlefield, John D. Bransford, and Martin Persampieri. 1984. "Elaboration and Knowledge Acquisition." Memory & Cognition 12 (5): 522–29.

Stokes, Patricia D. 2001. "Variability, Constraints, and Creativity: Shedding Light on Claude Monet." American Psychologist 56 (4): 355–59.

Strack, Fritz, and Thomas Mussweiler. 1997. "Explaining the Enigmatic Anchoring Effect: Mechanisms of Selective Accessibility." Journal of Personality and Social Psychology 73 (3): 437–46.

Sull, Donald and Eisenhardt, Kathleen M. 2015. Simple Rules: How to Thrive in a Complex World. Boston; New York: Houghton Mifflin Harcourt.

Tangney, June P., Roy F. Baumeister, and Angie Luzio Boone. 2004."High Self-Control Predicts Good Adjustment, Less Pathology, Better Grades, and Interpersonal Success".Journal of Personality 72(2): 271-324.

Swing, E. L., D. A. Gentile, C. A. Anderson, and D. A. Walsh. 2010. "Television and Video Game Exposure and the Development of Attention Problems." PEDIATRICS 126 (2): 214–21.

Taleb, Nassim Nicholas. 2005. Fooled by Randomness: The Hidden Role of Chance in Life and in the Markets. 2nd ed. New York: Random House.

Thaler, Richard H. 2015. Misbehaving: The Making of Behavioral Economics. W. W. Norton & Company.

Trollope, Anthony. 2008. An Autobiography. Newcastle: CSP Classic Texts.

Vartanian, Oshin. 2009. "Variable Attention Facilitates Creative Problem Solving." Psychology of Aesthetics, Creativity, and the Arts 3 (1): 57–59.

Wagner, Ullrich, Steffen Gais, Hilde Haider, Rolf Verleger, and Jan Born. 2004. "Sleep inspires insight." Nature 427 (6972): 352–55.

Wamsley, Erin J., Matthew Tucker, Jessica D. Payne, Joseph A. Benavides, and Robert Stickgold. 2010. "Dreaming of a Learning Task Is Associated with Enhanced Sleep-Dependent Memory Consolidation." Current Biology 20 (9): 850–55.

Wang, Zheng, and John M. Tchernev. 2012. "The 'Myth' of Media Multitasking: Reciprocal Dynamics of Media Multitasking, Personal Needs, and Gratifications." Journal of Communication 62 (3): 493–513.

Whitehead, A. N. (1911): An Introduction to Mathematics. Cambridge: Cambridge University Press.

Wolfe, Christopher R., and M. Anne Britt. 2008. "The Locus of the Myside Bias in Written Argumentation". Thinking & Reasoning 14 (1): 1–27.

Zeigarnik, Bluma. 1927. "Über das Behalten erledigter und unerledigter Handlungen." Psychologische Forschung 9: 1–85.

Zull, James E. 2002. The Art of Changing the Brain: Enriching the Practice of Teaching by Exploring the Biology of Learning. Sterling, Va: Stylus Publishing.